MÉMOIRES
DE LA
PRINCESSE DASCHKOFF,
DAME D'HONNEUR DE CATHERINE II,
IMPÉRATRICE DE TOUTES LES RUSSIES,

ÉCRITS PAR ELLE-MÊME;
AVEC
LA CORRESPONDANCE DE CETTE IMPÉRATRICE
ET D'AUTRES LETTRES

VOLUME I

Elibron Classics
www.elibron.com

BIBLIOTHÈQUE

RUSSE ET POLONAISE.

VOL. IX.

MÉMOIRES
DE LA PRINCESSE DASCHKOFF.

VOL. I.

PARIS.
LIBRAIRIE A. FRANCK,
67, Rue Richelieu.
1859.

MÉMOIRES

DE LA

PRINCESSE DASCHKOFF,

DAME D'HONNEUR DE CATHERINE II, IMPÉRATRICE
DE TOUTES LES RUSSIES;

ÉCRITS PAR ELLE-MÊME;

AVEC LA CORRESPONDANCE DE CETTE IMPÉRATRICE
ET D'AUTRES LETTRES.

PUBLIÉ SUR LE MANUSCRIT ORIGINAL

PAR

MISTRESS W. BRADFORT.

TRADUIT DE L'ANGLAIS

PAR

M. ALFRED DES ESSARTS.

VOL. I.

PARIS.

LIBRAIRIE A. FRANCK,

67, Rue Richelieu.

1859.

INTRODUCTION.

En me présentant au public comme Éditeur de ces Mémoires sans que ni les liens de la parenté ni même ceux de la nationalité m'unissent à l'auteur, je me vois dans l'obligation de donner quelques éclaircissements sur l'occasion qui les a mis entre mes mains. A cet effet, et pour répondre à l'attente des personnes qui attachent un certain intérêt à tout ce qui concerne cette femme distinguée, aussi bien que pour aller au-devant de toutes les questions raisonnables que pourraient faire les lecteurs de l'histoire de la princesse, je serai forcée de parler un peu de mon très humble individu. Cependant j'ai le ferme espoir qu'on me pardonnera si en ce moment j'effleure ce sujet aussi légèrement que possible ; car j'ai essayé non sans avoir longuement résisté et me méfier beaucoup de moi-même

de joindre à l'oeuvre de la princesse un récit de mon séjour en Russie, écrit depuis
plusieurs années déjà; mon but a été de
satisfaire ceux des lecteurs auxquels il faut
plus de détails qu'il n'est loisible d'en placer dans quelques pages d'introduction.

Ce récit fut adressé à feu Sylvestre Dou-
glas, précédemment lord Glenbervie, qui y
prit un intérêt tout particulier en tant qu'il
se rapportait au manuscrit de la princesse
Daschkoff que j'avais soumis à son examen
et dont il pressait chaudement la prochaine
publication.

Il était d'avis que cet exposé de mon
séjour en Russie accompagnerait très con-
venablement ces Mémoires. Ainsi justifiée
par le témoignage que rendait en faveur
de mon oeuvre un homme aussi hautement
estimé dans le monde du goût et des lettres
que lord Glenbervie; encouragée, en outre,
par un autre suffrage qui avait encore sur
mon esprit un poids plus considérable, j'ai
surmonté tous mes scrupules à cet égard;
d'autant plus que j'en suis venue à penser
que mon récit personnel, lié comme il l'est
à des faits qui ont concerné la princesse
dans le soir de sa vie, pourra compléter

quelques-uns des renseignements qu'elle a donnés vers la fin de ses Mémoires, et qui se rapportent à une époque où elle était éloignée de ce théâtre d'agitation où s'étaient écoulées ses années de jeunesse et qui occupe la principale partie de son livre. Cette idée m'a conduite à ajouter d'autres détails qui n'étaient pas destinés à cet usage quand mon récit n'avait d'abord que la forme épistolaire. Mais maintenant que la princesse me sert de thème, je sens qu'il est malaisé de me borner, dussé-je courir le risque d'en dire trop là où il me faudra nécessairement mêler mon nom aux événements que j'ai à retracer.

Si j'avais jugé être en droit de le faire, j'eusse pu grossir le manuscrit de la princesse en y introduisant, çà et là, des conversations, des anecdotes tombées récemment de ses lèvres et qu'elle n'avait pas estimées dignes d'être insérées dans ses Mémoires. En dernier lieu, la fatigue lui était venue; à mon grand regret, elle précipitait la fin de son travail. Plus d'une fois je lui demandai pourquoi elle n'écrivait pas les charmantes choses qu'elle racontait, et je n'obtins jamais que cette réponse: „Ma

chère, je n'ai pas d'amour-propre d'auteur;
ainsi vous pouvez introduire et écrire à mon
sujet, soit dans votre préface soit au bout
de votre anglais, tout ce qu'il vous plaira
de dire de votre mère russe."

Et ici je le ferai remarquer en passant:
sa simplicité, sa candeur, sa franchise étaient
telles, il y avait dans sa conduite une absence si complète de prétention, que toutes
ses paroles et ses actions étaient claires et
évidentes pour le monde dans lequel elle
vivait, comme si l'on eût pu voir les mouvements de son âme à travers la vitre d'une
croisée, et comme s'il eût été donné à tous
les regards de sonder jusqu'au fond de son
coeur loyal.

Pour expliquer cet avant-propos il suffira,
quant à présent, d'exposer qu'en 1803 n'é-
tant encore qu'une jeune personne j'allai,
avec l'approbation de mes parents, passer
quelque temps en Russie auprès de la princesse Daschkoff qui avait connu ma famille
durant son séjour en Angleterre et en Irlande. Ce ne fut pas sans une longue résistance que j'obtins par mes ardentes prières le consentement de mes parents pour
une absence qui devait durer deux ou trois

ans; il y avait dans mon insistance cette
passion de voyager commune à toutes les
jeunes âmes, et, en outre, un autre motif dont
j'ai parlé dans mon récit. Mes voeux ren-
contrèrent l'encouragement et l'appui de mistress Hamilton, fille de l'archevêque Ryder,
proche parente de mon père et la plus intime amie de la princesse Daschkoff. Depuis mes plus tendres années, mistress Hamilton en parlant souvent de cette femme
extraordinaire, dans les termes du plus
grand respect et de la plus vive admiration,
avait éveillé pour elle en mon coeur autant
de sympathie que d'enthousiasme.

Lors de mon arrivée en Russie, la princesse vivait très retirée à Troitskoe, sa maison de campagne dans le gouvernement de
Moscou. Depuis longtemps elle avait quitté
le grand monde. A cette époque, elle se
livrait entièrement au soin de faire valoir
ses biens et de rendre ses paysans heureux;
ce dont elle parle quelquefois dans la dernière partie de ses Mémoires. Mon séjour
auprès d'elle se prolongea cinq ans; et nous
passions habituellement l'été à sa campagne
et l'hiver à Moscou.

Je ne fus pas longtemps l'hôte de sa

maison (où, depuis le premier jour je trouvai
l'accueil distingué, la tendresse que de bons
parents peuvent montrer à l'enfant le plus
chéri) sans éprouver pour elle un attachement qui croissait de plus en plus et une
admiration profonde à la voir exercer une
influence étendue et être l'objet des hom-
mages et des respects de toutes les classes.

Elle m'apparut comme un être d'un ordre
si supérieur, que j'écoutais avidement celles
de ses paroles qui me semblaient pouvoir
jeter quelque lumière sur sa jeunesse et
aspirais à savoir son histoire plus au long.
Je pensais aussi qu'elle se devait à elle-
même et devait à ceux qui l'aimaient, de
laisser voir son caractère au grand jour.
Un coeur si sincère, une humeur si folâtre
et si facile à contenter, des sensations si
vives à l'âge de soixante-trois ans, c'était,
selon moi, le résultat naturel d'une vie d'innocence et de bonté. Je n'avais point passé
plus d'un an sous son toit quand je me ha-
sardai à lui exprimer mon désir et à la
presser instamment d'écrire les événements
de sa vie.

Ce fut dans l'automne de 1804 que, après
une certaine hésitation, elle y consentit; une

fois qu'elle se fut mise à l'oeuvre, elle avança
rapidement dans sa tâche. Elle écrivait
de souvenir sans consulter des notes prises
d'avance. Aussi est-il à présumer qu'on
pourrait trouver dans ses Mémoires quelques inadvertances chronologiques. Quant
aux faits ou à la manière dont la princesse
les envisageait, le lecteur doit être bien per-
suadé qu'il ne lui appartenait pas de descendre à les représenter avec partialité, à
les embellir ou à les déguiser sciemment
le moins du monde. La vérité, la simple
vérité, tel était son trait caractéristique dans
tout ce qu'elle disait, écrivait ou pensait.

Il suffira certainement des pages qui sui-
vent pour redresser les impressions erro-
nées de ceux qui n'ont connu la princesse
Daschkoff que par des ouvrages populaires
où elle est nommée incidemment et peinte
comme une femme orgueilleuse, intrigante,
ambitieuse, parfois même comme une créature éhontée. Il est vrai que le portrait
présenté ici est dessiné de sa propre main;
que c'est l'interprétation donnée par elle-
même de ses sentiments et de ses actions. Mais telle est l'irrésistible force de
la ressemblance, qu'il n'est pas permis de

douter un moment de la véracité et de l'exactitude du peintre.

Entourée d'une légion d'ennemis que ses vertus seules lui avaient suscités au sein d'une cour corrompue et égoïste où les qualités pures d'une· âme élevée ne pouvaient guère être comprises et où un acte de désintéressement était une affaire d'offense personnelle, nous ne devons pas nous étonner si un semblable caractère était parfois mal interprété, et même calomnié. Animée aussi, comme on savait qu'elle l'était, d'un amour illimité, d'une admiration enthousiaste pour Catherine II qui pour sa jeune imagination et même plus tard dans son âge mûr semblait à ses yeux réaliser le beau idéal d'une grande et patriotique souveraine, on pouvait s'imaginer qu'elle .encourageait ou même partageait en sa qualité d'amie dévouée les sentiments qui ont terni la vie privée de cette Impératrice. Si la princesse eût réellement éprouvé de la sympathie pour ces sentiments (et que de fois on tendit des embûches sous ses pas!), elle eût évité bon nombre de mortifications, et la faveur dont elle jouit eût été beaucoup plus grande et sujette. à moins d'interruptions.

Mais avec l'élévation de sa pensée, la force
de ses principes et son esprit incapable
d'accepter des compromis, le vice, tout honoré
et titré qu'il pouvait être, ne manquait jamais d'exciter son honnête indignation; et
toutes les fois qu'il se présentait à elle avec
sa blessante effronterie, il était rare qu'il
échappât au ferme mépris de la princesse.

Il est inutile de nous appesantir sur le
dévouement et l'abnégation extraordinaire
qui marquaient ses habitudes et éclatent
dans plusieurs des événements de sa vie
rapportés dans ces Mémoires. Je tiens cependant à prévenir une remarque que pourrait faire la surprise ou le désappointement:
à savoir que l'auteur n'ait pas fourni de
détails plus abondants et plus précis sur
les circonstances qui produisirent la révolution par laquelle la princesse fut mise en
évidence et qui donna du relief et de la
couleur à la suite de sa vie. Quelques
personnes en trouveront le récit aride, peu
satisfaisant. On a lieu de penser que ce
grand changement opéré sans effusion de
sang, le renversement d'un puissant monarque,
ne put aboutir que grâce à une conspiration
bien concertée, bien organisée dont le pré-

sent récit ne laisse voir aucune trace bien distincte. Mais qu'on veuille bien observer que la princesse attribue ici le succès plutôt à ce qu'on appelle d'ordinaire un accident qu'à un plan ou projet combiné d'avance; et comme on ne saurait démontrer que les conspirateurs aient été dirigés dans leurs desseins par aucune action poursuivie en commun et avec unité, il restait peu de chose à dire en dehors des causes qui amenèrent un tel résultat et des circonstances qui le précédèrent immédiatement.

Jamais, ainsi qu'on le verra plus loin, la princesse n'eut pour habitude de se glorifier; et en parlant de la révolution qui mit sur le trône son amie, son idole, tout en considérant sa propre part dans l'oeuvre comme la circonstance la plus triomphante de sa vie, elle s'exprime constamment avec la simplicité sans recherche, la briéveté et la franchise que j'ai signalées déjà et qui me donnèrent de la princesse, par-dessus tous ceux que j'ai eu occasion de connaître, l'idée d'une personne qui parle sur serment et qui serait incapable d'exagérer ou de colorer un fait pour en fortifier l'effet.

Mais pour descendre d'un sujet de haute

politique à un thème infiniment plus obscur,
plus humble, il m'est nécessaire de dire quelques mots sur ce qui pourrait sembler une
contradiction flagrante avec l'observation que
je faisais tout à l'heure. Je veux parler
des expressions beaucoup trop flatteuses
dont la princesse m'accable dans sa lettre
en forme de dédicace ainsi que dans la con-
clusion de son histoire. Mes devoirs d'éditeur ne me laissaient guère libre d'effacer
ces passages. Ce n'est pas que je prétende
en avoir regret; car tout en ayant la ferme
conviction que je suis loin de mériter ces
éloges, je dois reconnaître, au bout de trente
ans passés et en me fondant sur des motifs étrangers à la vanité personnelle, que
ces témoignages sont chers encore, bien
chers à mon coeur. J'engage donc le lecteur à les accepter en y voyant seulement
la preuve de la vive affection de la princesse et de son indulgence trop grande peut-
être pour ceux qu'elle aimait; en y voyant
le style caractéristique de celle qui s'appelait elle-même ma mère russe, titre de
tendresse que sa bienveillance illimitée et
qui tant de fois éclata en bienfaits et importants services m'autorise à accepter avec

la plus profonde reconnaissance et à révéler au public dans cette occasion.

Parmi les lettres émanant de l'Impératrice et que la princesse désirait publier à la suite de son ouvrage, il s'en trouve quelques-unes que Catherine écrivit à l'époque où elle était encore Grande-Duchesse, avant et vers la révolution. Plusieurs de ces lettres, surtout celles qui offraient une certaine importance et traitaient de l'événement, furent, par mesure de précaution, détruites par l'une et l'autre amie aussitôt que lues. Celles qui datent du temps qui précéda, et en outre les notes et fragments qui suivirent et dont se compose la collection furent soigneusement gardées par la princesse comme autant de souvenirs de son illustre amie; et bien qu'elles méritent à peine le nom de lettres qu'on leur a donné, elles sont remplies d'intérêt; car on y trouve comme une image vivante de l'esprit enjoué, badin, de la bonne humeur toute gracieuse de l'Impératrice, en même temps que de ses goûts littéraires qui lui firent consacrer les moments de loisir dont elle put disposer à la composition de petits ouvrages de critique et d'imagination.

Le second volume contiendra également quelques lettres et d'autres papiers de la princesse remis entre mes mains pour cette publication; on y lira aussi des lettres émanant de ses contemporains les plus illustres.

Au moment où j'allais livrer cet ouvrage à l'impression, l'idée m'est venue — et je l'ai accueillie avec empressement, — qu'un choix des lettres de ma soeur aînée écrites à nos amis d'Angleterre, à l'époque où sur une invitation très cordiale et très pressante de la princesse elle vint en Russie pour y passer près de deux ans avec nous; que ce choix, dis-je, ajouterait beaucoup d'intérêt à ces Mémoires.

La parente bien-aimée dont je parle (et qui n'est plus, hélas!) vit toujours dans le souvenir de quelques amis qui sont encore de ce monde; ceux-ci reconnaîtront dans les pages spirituelles échappées à sa plume et que j'ai placées à la fin de ces volumes, la trace de cette imagination vive, de cette originalité de pensée et d'humeur qui donnaient un tour particulier, un caractère exact à tout ce qu'elle disait ou écrivait: mérite précieux qui, en se joignant à d'autres qualités solides et aimables, faisait rechercher

avec empressement sa société et la rendait
infiniment utile et agréable.

Bien des années se sont écoulées depuis
la mort de la princesse Daschkoff. Elle eut
lieu en 1810. On pourrait donc s'étonner
du retard qu'a subi la publication de ses
Mémoires: question à laquelle il me serait
très difficile de faire une réponse satisfai-
sante pour moi et peut-être pour le public.

Je dois avouer franchement qu'à l'époque
de la mort de la princesse, je n'avais pas
d'autre idée que de remplir tout simplement
ses intentions bien connues et de mettre
immédiatement cet ouvrage en lumière. Mais
un proche parent de la princesse qui a longtemps habité l'Angleterre et qui n'existe plus
maintenant, s'étant montré fort opposé à
cette publication, je dus respecter ses objections sans les comprendre et mettre de
côté le manuscrit. Je m'étais d'autant moins
attendue à ces objections, que le frère aîné
de la princesse et en même temps son plus
ancien ami le comte Alexandre Worontzoff
avait lu et approuvé le premier volume, qui
était terminé avant l'époque où il mourut.

Il fallait cependant songer à acquitter ma
dette envers la mémoire de la princesse.

Le poids du temps en devenant plus lourd
me rappelle que je ne saurais trop tarder
à accomplir ce qu'il me reste à faire dans
la vie; tandis que cette existence m'appartient encore, je dois remplir une tâche aussi
sacrée pour mon coeur que celle que j'entreprends ici. Laisser à d'autres comme un
legs le soin de s'acquitter de ce devoir, ce
serait faire l'aveu d'un manque de courage
moral ou de volonté: ce qui, Dieu merci,
n'aura pas lieu; ce serait témoigner une
sorte de doute quant à l'intérêt que ce récit
est capable d'inspirer, ou confesser que je
ne me crois pas parfaitement en droit de
le publier. Il n'y a rien de semblable en
aucune façon.

Je n'entreprendrai point de combattre ces
écrivains qui, à propos de la jeunesse de
Catherine II, ont dirigé des traits contre la
princesse Daschkoff. Sans vouloir leur imputer aucune intention préconçue de calomnier, il est néanmoins de toute justice de
faire observer qu'ils ont parlé de cette noble
femme peut-être légèrement, mais à coup
sûr avec beaucoup d'ignorance. Le rôle
important qu'elle a joué en contribuant à la
révolution de 1762, a lié nécessairement son

nom à l'événement. C'est ainsi qu'elle est devenue un type pour l'histoire; mais déjà à certains égards les historiens ont défiguré ses traits, et aucun ne lui a rendu justice.

Ne dois-je pas, par conséquent, encourir une part de blâme pour n'avoir pas donné plus-tôt au public cette justification du caractère de la princesse, telle qu'elle ressort du ton simple et naturel de son autobiographie, et qui est d'autant plus complète qu'il y a eu chez l'auteur moins d'intention de se justifier? — C'est là une question à laquelle je ne suis pas préparée à répondre, tout innocentes qu'ont été mes intentions.

J'éprouve cependant une consolation: c'est que sans moi, les Mémoires placés maintenant sous les yeux du lecteur n'eussent pas été écrits. J'espère fermement que le public voudra bien accueillir avec faveur l'offrande faite à une cause qui toujours lui est chère, — la cause de la vérité; et que, grâce aux pages suivantes, le monde apprendra à connaître et apprécier celle qui fut constamment dévouée à cette cause.

Rectory House, Storrington.
Février 1840.

M. Bradfort.

LETTRE DE DÉDICACE

ADRESSÉE A MISS M. WILMOT[1]
PAR
LA PRINCESSE DASCHKOFF.

***

Vous désirez donc, ma jeune et chère amie,
que je trace le tableau de ma vie, — une
vie d'orage et de tourmente, comme je pourrais l'appeler; mais pour parler plus exactement, une vie de chagrins qu'ont aggravés
les efforts mêmes que j'ai faits pour cacher
aux yeux du monde ces peines du coeur
dont la pointe aiguë ne saurait être émous-
sée ni par l'orgueil ni par le courage. A
cet égard, on peut dire que j'ai vécu comme
un martyr à la torture: je dis un martyr,
car rien ne m'a jamais plus répugné, rien

***

[1] Nom de famille de l'Éditeur.

n'a jamais été plus odieux à ma nature que
de déguiser mes sentiments et de paraître
autre que je ne suis.

Depuis bien des années, mes amis et mes
parents me pressaient d'entreprendre le travail que vous me demandez. J'ai résisté
à toutes leurs instances; mais je ne saurais
repousser les vôtres. Voici donc l'histoire
de ma vie; je vous la présente; — une histoire
triste, dont j'eusse pu faire un roman tou-
chant. Je vous la dédie. Je l'ai écrite comme
je parle, sans apprêt, avec une franchise
que n'ont pu étouffer les leçons d'une malheureuse expérience. Il est vrai que j'ai
laissé dans l'ombre ou très légèrement effleuré
certaines épreuves d'angoisse morale causées
par l'ingratitude de ceux que je voudrais
pouvoir justifier, fût-ce au prix de ma vie.
Ce sont là les seules occasions où ma plume
se soit arrêtée .... et même en ce moment
le souvenir qui s'en éveille en moi me fait
frissonner.

S'il semble ressortir, du cours de ce récit,
que s'embarquer sur le même navire avec
les grands de ce monde soit une entreprise
périlleuse et que l'atmosphère d'une cour
soit funeste aux développements d'une âme

généreuse, on y verra également qu'une
conscience libre de tout reproché peut inspirer assez de force et de courage pour
faire mépriser la haine d'un tyran, et pour
permettre à ceux qui sont ainsi en paix
avec eux-mêmes de supporter les persécu-
tions le moins méritées. On y pourra trouver aussi comme exemple, qu'un certain degré
de célébrité manque rarement d'exposer celui
qui en est l'objet à l'envie et à sa compagne
inévitable, la calomnie.

J'avais atteint l'âge de soixante ans; j'a-
vais traversé tour à tour les souffrances de
la mauvaise santé, beaucoup de chagrins et
un rigoureux exil; vivant désormais dans
la retraite, j'étais entièrement occupée du
bien-être de mes paysans, lorsque pour la
première fois mes yeux tombèrent sur ce
tissu de faussetés, de viles imputations que
certains écrivains français se sont plu à
fabriquer et à répandre contre la grande
Catherine, et quand je vis que ces écrivains,
soit qu'ils jugeassent cela nécessaire pour
compléter leur oeuvre de haine, soit qu'ils
fussent encouragés par la licence du temps,
s'étaient efforcés aussi de fronder et de
noircir l'inoffensive amie de l'Impératrice,

Catherine[2]) la petite. Dans ces ouvrages n'ai-je pas trouvé votre Daschkoff peinte avec les vices les plus étrangers à son caractère; parfois comme une personne dévorée de l'ambition la plus criminelle, et même comme une femme livrée aux habitudes les plus dissolues!

Par là il est facile de comprendre qu'une vie étroitement honnête et passée en grande partie dans la retraite, qu'une vie que bien peu de gens pourraient apprécier et que bien moins encore seraient disposés à envier, n'est pas une barrière suffisante contre la plume quand elle est trempée dans le fiel de l'amertume, quand elle est employée à servir des sentiments de jalousie ou à seconder les exigences plus irrésistibles encore d'une méchanceté qui frappe sans motif. Bien que Catherine II fût connue pour déplorer, en y cherchant un remède, les maux que les illuminés et prétendus philosophes amoncelaient sur la malheureuse France, et bien qu'ils redoutassent le pouvoir si grand et si formidable de cette souveraine; comment s'expliquer que ces créatures aient pu

---

[2]) Nom de baptême de la princesse.

songer à se venger en s'en prenant à une
femme entièrement dénuée d'influence soit
dans l'État soit dans le Gouvernement et
en s'efforçant de lui arracher ce qu'elle mettait au-dessus de toutes choses, — une réputation sans tache !

Cependant telle a été la rigueur de mon
sort que même après que le Ciel dans sa
colère nous eût privés de notre mère, de
notre grande et sublime souveraine, et quand
je n'avais plus à jouir personnellement de
ses bontés ou à me glorifier pour mon pays
des bienfaits qu'elle n'avait cessé d'y répandre, je devins victime de la rage effrénée
des ennemis de l'Impératrice.

Nous devons espérer du moins que, semblable à tout ce qui existe en ce monde,
cette persécution passera avec le temps.
Permettez-moi donc, ma chère et jeune amie,
de vous entretenir plutôt de ce qui nous
intéresse, de la tendre amitié qui nous unit
l'une à l'autre; laissez-moi vous exprimer,
si c'est possible, à quel point je me sens
pénétrée de reconnaissance pour la confiance que vous m'avez témoignée, dont vous
m'avez donné une preuve si touchante en
quittant votre famille, votre pays natal, et

venant ici embellir le déclin de la vie d'une vieille amie qui peut certes bien se vanter de n'avoir pas vécu un seul jour pour elle seule.

Vous dirai-je combien votre société m'est précieuse; combien vos talents, votre modestie, l'enjoûement de votre esprit, joints à ces principes purs qui dirigent toutes vos actions, ont gagné mon estime et mon admiration? Vous dirai-je combien vous avez contribué à calmer, à adoucir mon existence? Mais est-il un langage qui puisse traduire dignement ces impressions? Je ne chercherai donc pas à multiplier mes paroles, mais je me bornerai à vous assurer que je vous estime, vous admire et vous aime avec toute l'énergie de ce coeur aimant que vous avez appris à comprendre, et que ces sentiments finiront seulement avec le dernier soupir de votre sincère amie,.

Troitskoe,
27 Octobre 1805.

Princesse Daschkoff.

MÉMOIRES

DE LA

PRINCESSE DASCHKOW.

CHAPITRE I.

Naissance de la comtesse Catherine Worontzow (depuis, princesse Daschkow). — Elle perd sa mère, étant encore en bas âge. — Ses soeurs sont nommées dames d'honneur. — Sa passion pour la lecture. — Direction de ses études. — Son opinion sur Helvétius. — Sa passion précoce pour la politique. — M. Shouvaloff. — Correspondance avec son frère le comte Alexandre. — Première entrevue avec le prince Daschkow. — Leur attachement mutuel. — Visite de l'Impératrice. — Sa bonté. — Première rencontre avec la Grande-Duchesse (depuis, Catherine II). — Impression qu'elle en éprouva. — Mariage avec le prince Daschkow. — Départ pour Moscou.

Je suis née à St. Pétersbourg, en 1744, vers l'époque où l'Impératrice Elizabeth revint de Moscou, après la solennité de son couronnement. Sa Majesté me tint sur les fonts baptismaux; et son neveu, le Grand-Duc,

depuis Empereur sous le nom de Pierre III,
fut mon parrain. Il eût été possible que
cet honneur me fût fait en considération du
mariage de mon oncle le grand-chambellan
avec une cousine germaine de Sa Majesté;
mais je dois l'attribuer plutôt aux sentiments
d'amitié que l'Impératrice éprouvait pour ma
mère qui sous le précédent règne avait avec
une grande générosité et j'ajouterai avec
non moins de délicatesse pourvu aux besoins d'argent que ramenaient très souvent
le goût excessif de la princesse pour la
dépense et la parcimonie du revenu qu'on
lui avait alloué.

J'eus le malheur de perdre ma mère,
n'étant âgée encore que de deux ans, et
je n'ai appris à connaître ses nombreuses
et aimables qualités que par l'intermédiaire
d'amis et de personnes qui en conservaient
un souvenir reconnaissant.

A l'époque où arriva cet événement, j'étais
auprès de ma grand'-mère, dans une de ses
belles habitations d'été; ce fut avec beaucoup de peine, quand j'eus atteint ma quatrième année, qu'elle put se décider à se
séparer de moi pour me mettre, en vue de
mon éducation, dans des mains moins indul-

gentes que les siennes. Cependant, comme j'arrivais à cet âge, le Grand-Chancelier, frère aîné de mon père, m'arracha à la tendresse partiale de cette excellente grand'-mère pour me faire partager l'éducation de sa fille unique qui devint dans la suite comtesse Strogonoff. Nous avions même appartement, mêmes maîtres, mêmes habillements ; tous les traits extérieurs conspiraient à nous rendre parfaitement conforme l'une à l'autre : et pourtant, dans toute la durée de notre existence et tous ses actes, jamais il n'y eut deux créatures plus dissemblables. Avis, en passant, à ces théoriciens qui généralisent les systèmes d'éducation et prescrivent des règles méthodiques sur un sujet si important, si peu compris cependant et si difficile à embrasser dans un plan général tant à cause de son étendue que des variétés de sa portée.

Je n'aurai pas à m'étendre longuement sur la famille de mon père. Son antiquité, les brillants services de mes ancêtres ont rendu le nom des Worontzow aussi illustre que pourrait le désirer une personne plus antichée que je ne le suis de l'orgueil de la naissance. Le comte Robert mon père, second frère du

chancelier, était jeune à l'époque où mourut
ma mère. C'était un homme adonné au
plaisir; en conséquence, le soin de ses enfants le préoccupait fort peu. Il me confia
donc très volontiers à mon oncle en voyant
que ce parent dévoué, à la fois par reconnaissance pour ma mère et par affection pour
lui, était bien aise de me recevoir.

Mes deux soeurs la comtesse Marie, l'aînée,
depuis comtesse Bouterlin, et la comtesse
Elizabeth la pûinée, plus tard Mme Paliansky,
jouirent de très bonne heure de la faveur
de l'Impératrice : et même fort jeunes encore
furent nommées dames d'honneur et vécurent
à la cour. De tous les enfants de mon père,
le comte Alexandre mon frère aîné était le
seul qui fût auprès de lui; ce fût aussi le
seul que je connus dès mon bas âge. Nous
avions fréquemment l'occasion de nous voir
l'un l'autre; aussi se forma-t-il entre nous
un attachement précoce qui devint une confiance mutuelle et une amitié que rien n'a
troublées jusqu'à ce jour. Mon plus jeune
frère le comte Simon habitait à la campagne
avec mon grand-père, et je le vis rarement,
même lorsqu'il fût de retour à la ville. Pour
mes soeurs, je les voyait moins encore, si

c'est possible. Je précise ces détails comme
autant de circonstances qui exercèrent à
quelques égards une influence sur mon
caractère.

Mon oncle n'épargna rien pour nous donner, à sa fille et à moi, les meilleurs maîtres ;
et, selon le goût de l'époque, nous reçûmes
la meilleure éducation. On nous enseignait
quatre langues différentes, et nous parlions
couramment le français ; un conseiller d'État
nous apprit l'Italien, et M. Bechtieff nous
donnait des leçons de Russe quand nous
daignions les prendre. Nous fîmes de grands
progrès dans la danse, et nous avions quelques notions de dessin.

Qui aurait pu s'imaginer qu'avec de telles
prétentions et un extérieur agréable notre
éducation fût incomplète? Cependant qu'avait-
on fait pour diriger les dispositions ou éclairer
l'intelligence de l'une ou l'autre de nous?
Rien absolument. Mon oncle n'en avait pas
le temps, ma tante n'y entendait rien et
d'ailleurs n'en avait pas le goût.

Il y avait dans ma nature un large fond
d'orgueil mêlé, je ne sais comment, à un
degré peu commun de tendresse et de sensibilité qui me faisait désirer ardemment

d'être aimée de tous ceux qui m'entouraient avec la même affection que j'étais disposée à leur vouer. Ces sentiments acquirent tant de force vers l'époque où j'atteignis l'âge de treize ans, que tout en désirant grandir dans l'amitié de ceux qu'eût tendrement attachés à moi mon esprit jeune et enthousiaste, je me figurais ne pouvoir être payée de retour ni par la sympathie ni par l'affection; je devins mécontente et me considérai comme un être isolé.

Tandis que j'étais dans cet état particulier d'esprit, un bon accès de maladie se trouva servir beaucoup à mon éducation, aussi bien qu'aux progrès de mon intelligence. Je veux parler de la rougeole que j'attrapai vers cette époque: et comme alors était en pleine vigueur un ukase qui défendait toute relation entre la cour et les familles atteintes d'affections cutanées, telles que la rougeole ou la petite-vérole, de peur que le mal ne se communiquât au Grand-Duc Paul, on n'eût pas plutôt remarqué en moi les premiers symptômes qu'on m'envoya à la campagne, à soixante-dix verstes de Pétersbourg.

Pendant cet exil temporaire, je fus confiée aux soins d'une dame allemande et de la

femme d'un major russe, deux personnes
également dépourvues d'attraits, également
privées de toutes les qualités qui pouvaient
captiver mes sentiments de naïve affection.
Je n'éprouvais aucune espèce de sympathie
pour des compagnes aussi peu intéressantes;
et comme la maladie dont j'avais eu à
subir l'étreinte m'avait, en affaiblissant mes
yeux, privée de la faculté de lire, je me
trouvai aussi par là dénuée de toute ressource, de toute consolation. A ma gaîté
première, à mon humeur folâtre succédèrent
une profonde mélancolie et de sombres réflexions sur les circonstances parmi lesquelles
je me trouvais jetée. Je devins sérieuse
et absorbée, parlant rarement et jamais sans
un dessein bien formel d'apprendre quelque
chose.

A peine avais-je été capable de lire, que
je m'étais jetée sur les livres avec une ardeur dévorante. Bayle, Montesquieu, Boileau
et Voltaire étaient du nombre de mes auteurs
favoris; et comme je commençais à reconnaître par expérience que le temps passé
dans la solitude n'est pas toujours celui qui
pèse le plus, la même sensibilité qui m'avait
d'abord fait chercher seulement le succès

auprès des autres m'amena à m'examiner moi-
même et à cultiver soigneusement ces dons
de l'esprit qui peuvent seuls nous mettre
au-dessus des événements. Avant mon retour à Pétersbourg, mon frère Alexandre
était parti pour Paris : je me trouvai donc
privée de son affection délicate avec laquelle
formait un triste contraste l'indifférence de
la plupart des personnes qui m'entouraient.
Cependant tranquille et satisfaite au milieu
de mes livres, goûtant du plaisir ou de l'intérêt à m'occuper de musique, je ne me
sentais malheureuse qu'aux heures où j'étais
hors de mon appartement. Mes veilles pro-
longées, — car il m'arrivait quelquefois de
lire toute la nuit, — jointes aux dispositions
d'esprit qui m'occasionnaient cette agitation,
me donnèrent tant de langueur et d'apparence
morbide, que mon respectable oncle en prit
alarme, et que l'Impératrice Elizabeth elle-
même daigna s'en préoccuper. Sur l'ordre
de Sa Majesté, je reçus quelques visites de
son premier médecin Bourghave qui, ayant
examiné mon état avec une grande attention,
déclara que ma constitution n'était nullement
altérée, et que les symptômes dont mes
amis s'effrayaient étaient moins le produit

d'un désordre physique que d'une affection
morale. A la suite de cette déclaration, je
me vis en butte à mille questions: cependant rien ne put m'amener à avouer la
.vérité; cár à peine si je m'en rendais compte
moi-même, et qu'on l'eût comprise, elle eût
moins éveillé la compassion et la sympathie
que provoqué des reproches. Si j'avais fait
une peinture de mon esprit, j'eusse dû en
même temps révéler ces symptômes d'orgueil
et de sensibilité qui, faute de pouvoir réaliser
les visions romanesques de mon imagination,
m'avaient inspiré la résolution présomptueuse
de ne me fier qu'à moi pour le soin de mon
bonheur. En conséquence, j'étais déterminée
à dissimuler ces sentiments qui me domi-
naient; et tandis que j'attribuais à la faiblesse de mes nerfs et à des maux de tête
ma pâleur et mon air languissant, chaque
jour mon intelligence croissait en force et en
énergie par son continuel exercice. L'année
suivante, comme je lisais pour la seconde
fois l'ouvrage d'Helvétius: „De l'Esprit", je
fus frappée d'une idée que je crois à propos
de citer parce que mon jugement l'a confirmée
plus tard: je me dis que si ce livre n'était
pas fini d'un autre volume qui contînt une

théorie mieux adaptée aux opinions reçues
et à l'ordre de choses existant, les principes qu'il émettait n'auraient pas d'autre
effet que de troubler l'harmonie et peut-être
de briser les liens qui unissent les parties
diverses de la société civilisée.

La politique m'intéressa dès mes plus
tendres années [1]. Mon insatiable curiosité

---

[1] La princesse me racontait qu'étant tout enfant
encore elle obtint quelquefois de l'indulgente bonté
de son oncle la permission de regarder d'anciens papiers relatifs à des négociations et à des traités, et
que rien ne pouvait la rendre plus heureuse. Dans
le nombre, il se trouvait des documents très curieux,
très intéressants: il y en eut deux surtout dont le
souvenir se grava plus particulièrement dans sa mémoire et qui étaient tout-à-fait de nature à frapper
l'imagination d'une enfant et même à éveiller les réflexions de personnes plus âgées. L'un des documents était une lettre du Schah de Perse adressée à
Catherine 1ère à l'occasion de son avénement au trône.
Après les premières lignes en forme d'introduction et
de compliments, la lettre continuait à peu près en ces
termes: „J'espère, ma bien-aimée soeur, que Dieu ne
vous a pas donné le goût des liqueurs fortes. Moi
qui vous écris j'ai les yeux comme des rubis, le nez
comme une escarboucle et les joues brûlées d'un feu
ardent. Dévoré par ce malheureux penchant, je me
vois forcé de dépenser mes jours et mes nuits sur un
lit de misère." Le goût bien connu de l'Impératrice

tourmentait à ce sujet tous les étrangers, artistes, hommes de lettres, diplomates qui venaient chez mon oncle. Je les questionnais sur leur pays respectif, sur ses lois, sur la forme de son gouvernement: la comparaison que leurs réponses faisaient souvent naître dans mon esprit m'inspirait un ardent désir

---

pour l'eau de vie donne à cette lettre un piquant tout particulier. L'autre lettre rapporte le fait suivant que je reproduis avec les propres expressions de la princesse. La Cour de Russie envoya une ambassade en Chine (je ne sais plus sous quel règne) pour féliciter le chef de cet Empire dans une occasion semblable à celle que j'ai rapportée plus haut. Mais la réception ne fut pas des plus gracieuses, et nos compatriotes s'en revinrent passablement choqués du résultat de leur mission. Cependant le Gouvernement russe, jugeant qu'il serait d'une mauvaise politique de reconnaître un pareil manque d'égards, envoya d'autres personnes chargées de porter des remerciements pour la réception flatteuse qu'on avait faite à l'ambassade et de faire en même temps des ouvertures pour un traité de commerce. Voici quelle fut la réponse de l'Empereur chinois: „Vous êtes bien ridicules de vous glorifier si prodigieusement de la réception que nous avons faite à vos envoyés. N'avez-vous jamais entendu dire que lorsque nous allons à cheval par nos rues, nous ne pouvons empêcher même le plus vil mendiant de lever ses regards sur nous?"

(Note de l'Editeur.)

de voyager. A cette époque toutefois je
n'avais pas et je croyais même que je n'aurais jamais le courage de tenter telle entreprise : ayant devant les yeux des présages
de chagrin et de mécompte, consequences trop
habituelle d'une sensibilité excessive, je me
jugeais déjà ce que je serais un jour et je
m'épouvantais à l'idée de malheurs dont je
ne m'imaginais pas avoir la force de supporter le choc. M. Shouvaloff, favori de
l'Impératrice Elizabeth, désirait passer pour
le Mécène du jour ; ayant appris par la plupart des lettrés qui faisaient visite à mon
oncle et que le favori voulait flatter dans
l'intérêt de sa réputation personnelle, ayant
appris, dis-je, que j'aimais passionnément la
lecture, il offrit de me communiquer toutes
les nouveautés qu'il tirait régulièrement de
France. Ce fut pour moi une ressource
précieuse et qui me causa une satisfaction
infinie, surtout l'année suivante quand, après
mon mariage, j'allais habiter Moscou. Là,
les bibliothèques publiques contenaient à
peine plus d'ouvrages français que je n'en
avais lu, et dans le nombre il y en avait
que possédait ma petite bibliothèque de neuf
cents volumes environ, à la collection des-

quels j'avais consacré exclusivement les ressources de mon argent de poche. Cette
année-là, j'ajoutai à mes richesses l'Ency-
clopédie et le Dictionnaire de Moréri; et
jamais les parures les plus brillantes et les
plus coûteuses ne me causèrent la moitié
du plaisir que me donna cette acquisition.
L'attachement que je ressentais pour mon
frère le comte Alexandre me fit, durant son
absence à l'étranger, entretenir avec lui une
correspondance très régulière. Je lui en-
voyais deux fois par mois toutes les nouvelles de la cour, de la ville et de l'armée
que je pouvais recueillir; et que mon style
soit devenu depuis bon ou mauvais, il n'est
pas moins certain que le caractère en fut
fixé par cette espèce de journal que j'écrivis
alors pour un frère bien-aimé.

Pendant les mois de Juillet et Août de
cette année 1759 dont je parle en ce moment, et tandis que mon oncle, ma tante et
ma cousine étaient en visite auprès de l'Impératrice à Czarkosèlo, je restai seule par
suite d'une indisposition sans conséquence,
prétexte qui favorisait mon goût dominant
pour l'étude et la retraite. A l'exception
de l'Opéra Italien où j'avais été conduite

une ou deux fois, jamais je ne m'étais montrée
en public ; les seules maisons où je fisse
visite étaient celle de la princesse Galitzin
dont je possédais toute la faveur, de même
que j'étais chère à son mari, respectable et
spirituel vieillard, et la maison de Mme de
Samarin, femme d'un gentilhomme attaché
au service de mon oncle. Un soir, étant allée
voir cette dernière dame qui était indisposée,
je consentis à rester pour le souper, et en
conséquence je renvoyais mon carrosse en
donnant l'ordre qu'il revînt à onze heures
et amenât ma femme de chambre qui me
reconduirait au logis. Il faisait une déli-
cieuse soirée d'été quand le carrosse revint ;
et comme la rue où demeurait Mme de
Samarin était paisible et peu fréquentée, la
soeur de cette dame me proposa de m'accompagner à pied jusqu'à l'extrémité de la
dite rue : j'y consentis très volontiers et
ordonnais au cocher d'aller en avant et de
nous attendre à cet endroit. Nous avions
fait quelques pas à peine lorsqu'une grande
figure, sortant d'une rue voisine, s'approcha
de nous : à travers mon imagination et par la
faible clarté qui régnait, cette figure m'apparut avec des proportions gigantesques. In-

volontairement je tressaillis de surprise et demandais à ma compagne qui ce pouvait être : alors, pour la première fois de ma vie j'entendis prononcer le nom du prince Daschkow. Il me sembla qu'il connaissait bien la famille de Samarin. Il entra en conversation avec nous et se mit à nous accompagner. Parfois il m'adressait la parole, mais sur un ton de timidité polie qui me prévint grandement en sa faveur. Depuis, j'ai eu le plaisir d'attribuer cette singulière rencontre et surtout l'impression favorable que nous éprouvâmes mutuellement, à un dessein particulier de la Providence qui nous avait destinés l'un à l'autre. Nous connaître par les moyens ordinaires, c'eût été à peu près impossible ; et s'il en eût été autrement, si son nom eût été jamais prononcé chez mon oncle, une affaire dans laquelle il avait été malheureusement mêlé serait venue à ma connaissance et eût formé un obstacle à notre mariage. Grâce à l'événement tel qu'il se produisit, l'ignorance devint notre mutuel auxiliaire et laissa naître et grandir ces impressions premières qui mènent à l'irrévocable échange du coeur et de l'affection. Bientôt le prince reconnut que son bonheur était attaché à notre union; et dès qu'il en eut obtenu de moi la permission, il pria le prince Galitzin de faire des démarches en sa faveur auprès de mon oncle et de mon père; en même temps il demendait le secret sur ses espérances jusqu'à ce qu'il eût vu sa mère à Moscou et obtenu son consentement et sa bénédiction. Ma famille ne fit aucune opposition; et quant à la princesse sa mère qui l'avait souvent pressé mais en vain jusque alors de se marier, lorsqu'elle fut informée de ses désirs elle les approuva cordialement, bien qu'il eût refusé dernièrement une personne qu'elle avait choisie, et donna son plein consentement à notre mariage.

Un soir, avant que le prince eût été à Moscou faire à sa mère cette visite de devoir, l'Impératrice Elizabeth vint souper chez nous après la représentation de l'Opéra Italien où mon oncle et M. Shouvaloff seuls l'avaient accompagnée. Comme on nous avait instruits d'avance de son intention, je restai pour recevoir Sa Majesté. Le prince Daschkow était avec moi. L'Impératrice nous montra à tous deux une attention marquée et pleine de bonté. Dans le cours de la soirée, elle nous fît passer dans une autre pièce: là, elle nous dit avec l'accent d'intérêt d'une bonne marraine qu'elle connaissait notre secret et nous souhaitait tout le bonheur possible. Elle parla avec une mesure parfaite des devoirs respectueux du prince envers sa mère et lui dit, en nous ramenant vers la compagnie, que le feld-maréchal comte Bouterlin avait reçu l'ordre de lui accorder un congé pour le temps de son voyage. L'accent de bonté, de tendresse maternelle avec lequel Sa Majesté s'exprimait et l'intérêt qu'elle daignait nous témoigner me pénétrèrent tellement, que je ne pus cacher mon émotion. Ce qu'observant, l'Impératrice m'appliqua une petite tape sur l'épaule et m'ayant baisé la joue: „Remettez-vous, ma chère enfant, dit-elle; autrement, tous vos amis croiraient que je vous ai grondée.“ Jamais je n'oublierai cette scène d'où naquit mon éternel attachement pour cette gracieuse et toute bonne souveraine.

Pendant le même hiver, le Grand-Duc, depuis Pierre III, et la Grande-Duchesse qui porta plus tard à si juste titre le nom de la Grande Catherine, vinrent également souper et passer une soirée chez mon oncle. Déjà

plusieurs des amis de mon oncle m'avaient
peinte à la Grande-Duchesse comme une jeune
fille qui consacrait tout son temps à l'étude,
et ils avaient parlé de moi dans les termes
de la plus bienveillante partialité. L'estime
dont elle m'honora dans la suite résulta
évidemment de cette préparation, et elle
m'inspira en retour un enthousiasme et un
dévouement qui me jetèrent dans une sphère
d'action à laquelle, vers cette époque, je
songeais et aspirais si peu, et exercèrent
une influence plus ou moins grande sur le
reste de ma vie. Je ne craindrai pas d'affirmer qu'au moment dont je parle il n'y
avait pas deux femmes dans l'empire, excepté
la Grande-Duchesse et moi, qui s'occupassent
le moins du monde de lecture sérieuse: de là,
entre nous une attraction mutuelle; et quand
ses manières charmantes étaient irrésistibles
pour ceux auxquels elle avait dessein de
plaire, que ne devait pas être leur effet sur
une jeune créature comme moi, à peine âgée
de quinze ans et si disposée à en subir le
pouvoir?

Dans le cours de cette soirée mémorable,
la Grande-Duchesse n'adressa qu'à moi la
parole; sa conversation m'enchanta. L'élé-

vation de sentiments et les connaissances étendues qu'elle déploya, semblaient montrer à mes yeux un être privilégié par la nature au-dessus de tous les autres, si privilégié qu'il dépassait les idées les plus exaltées que j'avais pu me former jusque alors sur la perfection. La soirée s'écoula rapidement; mais l'impression qu'elle me laissa fut ineffaçable, et il sera facile de la retrouver dans plusieurs des événements que j'aurai à rapporter.

Dès que le prince fut de retour de Moscou, il ne perdit pas un moment pour se présenter à ma famille; mais une grave maladie qui nous fit trembler pour la vie de ma tante, força de remettre notre mariage au mois de Février. On profita d'un moment d'amélioration dans l'état de la malade pour le célébrer le plus simplement possible; et aussitôt que le danger eut disparu, nous partîmes pour Moscou.

Ici un monde nouveau s'ouvrait devant moi: nouvelles relations, nouvelle existence. Je parlais très imparfaitement le russe; et pour comble d'embarras, ma belle-mère ne parlait point d'autre langue. Les membres de la famille de mon mari étaient pour la

plupart des gens âgés; et bien qu'ils me
témoignassent beaucoup d'indulgence, en
raison de leur attachement pour le prince
et de la satisfaction que leur causait son
mariage, je ne pus cependant m'empêcher
de remarquer que je leur eusse plu davantage si j'eusse été plus moscovite. En conséquence, je résolus de ne pas perdre de
temps pour m'appliquer à l'étude de ma
langue natale, et j'eus la satisfaction d'y faire
assez de progrès pour obtenir les éloges et
l'approbation de ces respectables parents
auxquels je continuai de témoigner une tendresse respectueuse qui en retour me valut
leur amitié, même quand depuis longtemps
tous liens de famille avaient cessé de sub-
sister entre nous.

CHAPITRE II.

Naissance d'une fille. — Affaiblissement de la santé de l'Impératrice Elizabeth. — Le prince appelé à St. Pétersbourg. — Maladie. — Retour du prince. — Scène émouvante. — Naissance d'un fils. — Singulière correspondance conjugale. — Voyage à St. Pétersbourg. — Visite au Grand-Duc et à la Grande-Duchesse. — Anecdote sur le Grand-Duc. — Bassesse de ses goûts et de ses habitudes. — Ses compagnons favoris. — Contraste entre lui et la Grande-Duchesse. — Progrès de l'intimité entre la Grande-Duchesse et la princesse. — Anecdotes et événements de cour. — Prochaine fin de l'Impératrice. — Entrevue extraordinaire et conversation avec la Grande-Duchesse. — Dévouement de la princesse.

Ce fut le 21 Février, un an après notre mariage, que naquit ma fille. Au mois de Mai, nous accompagnâmes ma belle-mère dans ses propriétés de Troitskoe. Les livres et la musique n'avaient perdu pour moi aucun de leurs charmes, et avec ces ressources le temps s'écoulait doucement. En Juillet le prince Daschkow et moi fîmes une excursion à ses terres d'Orell; de là, nous retournâmes à Moscou. Comme son congé tirait à sa fin, nous écrivîmes à mon père, alors à St. Pétersbourg, en le priant d'employer son crédit pour obtenir une prolongation.

L'Impératrice Elizabeth devenant âgée et languissante, les courtisans commencèrent à porter leur attention sur son successeur. Cette situation avait donné depuis quelque temps au Grand-Duc un contrôle plus absolu qu'auparavant sur le régiment des Gardes Préobraginsky qu'il commandait et où le prince Daschkow était capitaine en second. Une demande fut donc nécessairement soumise à son Altesse Impériale pour obtenir une prolongation de cinq mois dans le congé du prince; délai que mon mari sollicitait pour l'extrême désir qu'il avait de rester auprès de moi jusqu'à la fin de ma seconde grossesse. . .Avant de lui accorder cette faveur, le Grand-Duc témoigna le désir de le voir à Pétersbourg; peut-être avait-il l'idée de lui faire quelque compliment particulier, du moins tel fut le sentiment de mon père; il l'appela donc en toute hâte. La pensée de cette séparation me rendit inconsolable; le chagrin de l'absence m'accablait si cruellement d'avance, que j'avais cessé de jouir, même en sa société, de mon bonheur accoutumé. Ma santé commença à en souffrir; et le 8 Janvier, jour où le prince quitta Moscou, il me survint une fièvre, accom-

pagnée de délire. Comme le mal n'avait eu
d'autre cause que l'agitation de l'esprit, j'at-
tribuai ma prompte guérison à l'obstination
avec laquelle j'avais repoussé toutes les
ordonnances de la médecine. Au bout de
quelques jours, il ne me restait d'autre trace
du mal qu'une excessive langueur. Je versais
fréquemment des larmes; et j'eusse écrit
sans cesse au prince, ne fût-ce que pour lui
donner des nouvelles de ma tristesse, si
l'attention tout affectueuse avec laquelle sa
soeur cadette veillait sur ma santé eût permis que je la sacrifiasse à un aussi dange-
reux plaisir.

Dans cette description de ce que j'éprouvai,
de ce que je souffris, je ne dois pas oublier
que je n'avais pas tout-à-fait dix-sept ans,
et que pour la première fois je me voyais
séparée d'un mari passionnément aimé.

Quant au prince, leurs Altesses Impériales
n'épargnèrent rien pour rendre agréable le
temps où il devait rester à Pétersbourg.
Elles l'engageaient fréquemment aux parties
en traîneau qu'elles faisaient à Oranienbaum.
Malheureusement, le froid qu'il eut à endurer
trop longtemps dans ces excursions amena
une sérieuse attaque d'esquinancie, dont les

conséquences eussent pu être fatales à nous
deux. Au jour fixé pour son retour à Moscou
bien que souffrant de son mal, mais ne
voulant pas tromper l'attente pleine d'anxiété
de sa mère et de sa femme, il quitta Pétersbourg et, voyageant jour et nuit, il ne descendit pas de voiture avant d'être arrivé
à Moscou. En atteignant les barrières de
la ville, il se trouva, que l'inflammation de
sa gorge avait fait de tels progrès que re-
doutant la terreur dont nous serions saisies
en le voyant apparaître, incapable comme
il l'était alors d'articuler un mot, il exprima
d'une manière aussi intelligible, qu'il le pût
son désir d'être conduit chez Mᵐᵉ Novasilts-
koff, sa tante: là, il espérait employer quelque
remède temporaire qui l'aidât à retrouver
sa voix et rendît moins alarmant l'ensemble
de sa physionomie. En voyant dans quel
état il était, sa tante insista pour qu'il se
mît immédiatement au lit; et ayant mandé
un médecin qui déclara qu'on ne pourrait
sans imprudence le laisser sortir, elle garda
les chevaux de poste pour que le lendemain
matin, dans le cas, où il serait suffisamment
rétabli, il arrivât devant la porte de sa mère,
comme si rien n'avait eu lieu.

Pendant ce temps, se passait une scène dont le souvenir me fait frémir encore.

Ma belle-mère et sa soeur la princesse Gagarin qui m'avaient assistée à la naissance de ma fille, étaient ce même soir réunies dans mon appartement avec la sage-femme, prêtes à me rendre au premier moment le même service; quand ma femme de chambre, enfant étourdie et qui avait à peu près mon âge, saisit l'instant où je quittais la chambre pour quelques minutes et me dit brusquement que le prince Daschkow était à Moscou. Je pressai un cri qui par bonheur ne fut pas entendu dans la chambre voisine, tandis que cette créature inconsidérée continuait de raconter qu'il était descendu chez sa tante et avait donné l'ordre formel que son arrivée fût tenue dans un profond secret.

Pour pouvoir se faire une idée de mon désespoir en ce moment, il faut se rappeler qu'alors, comme je l'ai dit déjà, je ne comprenais pas le bonheur sans l'objet de ma tendre affection, et que mes sentiments, naturellement ardents et impétueux, prenaient vîte l'alarme sans pouvoir être aisément maîtrisés. Je fis cependant tous les efforts possibles pour me dominer; et quand je

revins vers la princesse ayant composé de
mon mieux mon visage, je lui persuadai
que l'époque de ma délivrance devait être
un peu plus éloignée que nous ne nous l'étions
imaginé et en conséquence je la pressai
ainsi que ma tante de se retirer dans leur
appartement et de prendre quelque repos.
Je leur promis solennellement de les faire
appeler s'il en était besoin.

A peine furent-elles sorties, que· je me
glissai jusqu'à la sage-femme et lui ordonnai,
pour l'amour du ciel, de me suivre. Il me
semble voir encore se dilater ses yeux rouges,
tant elle les ouvrit démesurément en les fixant
sur moi. La bonne femme crut que j'avais
perdu la raison et elle entama dans son
patois silésien un interrogatoire qui me parut
ne devoir jamais finir. „Non; que pourrait-elle
répondre à Dieu pour le meurtre de pauvres
innocents?“ Je l'interrompais coup sur coup;
à la fin et désespérée de ses refus, je lui
avouai mon secret, déclarant qu'à moins
de voir le prince de mes propres yeux, je
succomberais sous la crainte qu'il n'eût été
victime de quelque accident sérieux; et ajou-
tant que si elle n'avait pas la charité de
m'accompagner jusque chez ma tante, je

protestais qu'aucun pouvoir au monde ne
m'empêcherait d'y aller seule. L'épouvante
vainquit enfin sa résistance; mais quand je
lui dis que nous irions à pied, pour éviter le
bruit que feraient le traîneau et les chevaux
sous les fenêtres de la princesse, je crus
qu'elle prendrait racine sur le parquet où
elle se tenait debout, tandis qu'il me fallait
de nouveau triompher de ses scrupules en lui
représentant le danger d'être découvertes si
nous sortions autrement, et les conséquences
de la terreur que cela causerait. A la fin,
elle céda à mes instances et avec l'aide d'un
vieillard qui vivait dans la famille et psalmo-
diait des prières à ma belle-mère, elle essaya
de me faire descendre l'escalier. Mais nous
avions fait à peine une demi-douzaine de
pas quand je sentis mes douleurs revenir
avec une telle violence que mes deux compagnes, pensant qu'il n'y avait pas de temps
à perdre en capitulation, employèrent tous
les moyens possibles pour me contraindre à
retourner sur mes pas. Ce fut maintenant
à mon tour d'être inexorable. Je me cram-
ponnai opiniâtrément à la rampe, et ni force
ni menaces ne purent m'en arracher.

Nous descendîmes enfin l'escalier non sans

peine, et après de nombreuses atteintes de
douleurs, de plus en plus alarmantes à mesure que nous traversions deux rues nous
atteignîmes la porte de ma tante.

Le ciel sait comment cela s'accomplit
comment je pus grimper une grande quantité de marches qui menaient à l'appartement
de mon mari. Tout ce que je puis dire c'est
que, en entrant, je le vis pâle et étendu sur
son lit. Je ne fis que jeter sur lui un coup
d'oeil et tombai sans connaissance sur le
parquet. En cet état, je fus rapportée chez
moi dans une litière par quelques-uns des
domestiques de ma tante et réintégrée dans
mon appartement sans que mon absence
momentanée eût éveillé aucun soupçon. La
violence de mes douleurs me rendit seule
à la vie. Il était alors onze heures; j'envoyai
chercher ma belle-mère et ma tante; une
heure après, mon Michel était né. Mon
premier mouvement fut d'informer le prince
de ma délivrance; et sans être aperçue je
dis tout bas à ma femme de chambre d'envoyer le bon vieillard au prince avec ces
excellentes nouvelles.

Souvent j'ai tressailli au souvenir de cette
soirée et de la scène que, depuis ce temps,

le prince Daschkow m'a racontée. Il crut
être en butte à une des illusions fiévreuses
de son cerveau quand j'apparus à ses yeux
telle qu'une vision, avec mes Esprits con-
ducteurs la garde - malade rechignée et le
vieillard clochetant: mais au bout d'un moment, la terrible réalité ne fut que trop
évidente pour ses sens lorsqu'il me vit gisante
sur le sol et comme inanimée. Oubliant son
propre mal à l'aspect de mon péril et furieux
contre les gens de la maison qui avaient
divulgué son secret, il s'élança de son lit,
et il m'eût suivie jusqu'à la maison si sa
tante, alarmée de la confusion qui régnait
chez elle ne se fût montrée soudain et ne
l'eût conjuré avec des larmes et des suppli-
cations d'avoir quelque égard pour sa vie
aussi bien que pour la mienne, en écoutant
ses conseils et s'y soumettant. L'anxiété du
prince dans l'intervalle de temps qui s'écoula
entre mon apparition et l'arrivée du vieillard
fut aussi excessive que l'extravagance de sa
joie, à la nouvelle de ma délivrance. S'élançant du pied de son lit où il s'était étendu
précédemment, il prit le bon vieillard dans
ses bras et le serra avec transport, pleurant
et dansant tour à tour; il lui donna une

bourse pleine d'or et demanda qu'on fît venir
un prêtre pour chanter solennellement des
actions de grâces, se promettant bien d'y
assister, car rien ne pouvait lui persuader
qu'il était lui aussi un invalide. Bref, la
maison fut toute la nuit livrée à une vacarme
de joie. Chez nous, tout resta parfaitement
tranquille jusqu'à six heures. C'était le
moment où la princesse avait l'habitude
d'entendre la messe, quand le prince Daschkow fit atteler les chevaux de poste à sa
voiture et se fit conduire à notre porte.
Malheureusement, sa mère n'était pas sortie.
Entendant la voiture qui s'arrêtait, elle s'élança
pour recevoir son fils sur l'escalier. Son
visage pâle et sa gorge enveloppée révé-
lèrent aussitôt son état; et s'il ne l'eût reçue dans ses bras, une autre scène tragique
n'eût pas manqué de se produire. L'adora-
tion, c'est le mot exact, que professaient
pour lui sa mère et sa femme était poussée
si loin qu'elle eût pu devenir une source de
malheurs domestiques; et c'est ce qui faillit
arriver. Dans la confusion du premier moment, le prince, au lieu de ramener sa mère
à son appartement, la conduisit dans le mien,
de sorte que notre bonheur fut un peu gêné

par la présence de ce témoin qui assistait
à notre „revoir". Dès que la princesse fut
revenue de son saisissement, elle ordonna
qu'on dressât pour son fils un lit dans le
cabinet de toilette du prince, pièce qui tou-
chait à ma chambre; et avec une précaution pleine de prudence, elle défendit absolument tout rapport entre nous, de peur que
son mal ne fût contagieux. Je ne pûs pas
m'empêcher de déplorer cette séparation,
toute convenable qu'elle était à bien des
égards, car j'eusse bien voulu servir moi-
même de garde-malade à mon mari et avoir
de minute en minute par mes propres yeux
la preuve des progrès de sa guérison. Cependant l'amour toujours inventif, nous sug-
géra un moyen de communication. Sitôt
que nous pouvions dérober un instant à la
surveillance de nos amis, nous ne l'employions
pas à autre chose qu'à nous écrire mutuellement de petits billets, éloquents de tendresse.
Des esprits plus raisonnables et plus froids
les eussent certainement dédaignés comme
autant de folies et d'enfantillages, mais moi
je plaindrais sincèrement le manque de coeur
de ces critiques-là.

Depuis cette époque, quarante longues

années se sont passées dans le deuil que
m'a causé la perte du prince: cependant,
comme j'ai eu le malheur de survivre à un
époux que j'adorais, je ne voudrais pas pour
rien au monde négliger le souvenir d'aucune
circonstance, quelque légère qu'elle soit,
qui pourrait jeter une agréable lueur sur
sa vie si courte mais si précieuse. Le
Mercure que nous employions pour porter
notre correspondance était une vieille femme
dont la charge consistait à me veiller la
nuit; plus d'une fois elle se glissa d'une
chambre à l'autre tandis que avec ses yeux
plus qu'à demi fermés elle commettait bien
innocemment une fraude. Au bout de trois
jours toutefois notre Mercure, peut-être par
un excès de commisération pour la fatigue
de mes yeux, se fit dénonciatrice et révéla
notre secret à ma belle-mère qui nous
gronda pour notre imprudence et menaça
en plaisantant de nous retirer plumes et
encre. Heureusement, une crise favorable
ne tarda pas à se produire dans la maladie
de mon mari; sa guérison marcha rapidement, et il lui fut permis de venir s'asseoir
auprès de mon lit pendant l'ennuyeuse durée
de mon rétablissement. Nous ne retour-

nâmes pas à la campagne, ayant l'intention
de partir bientôt pour Pétersbourg. Le jour
de ce départ fut souvent fixé et souvent
remis par le prince, en égard aux tendres
prières de sa mère. Enfin nous nous mîmes
en route et nous arrivâmes à Pétersbourg
le 28 Juin, date qui, douze mois après, devait être si mémorable, si glorieuse pour
mon pays.

Ce voyage fut pour moi un véritable en-
chantement. Je désirais revoir mes parents,
dont les manières et les usages différaient
tellement de ce que j'avais été habitué à
trouver à Moscou, et étaient bien mieux
d'accord avec mes inclinations particulières.
Je souhaitais ardemment par exemple, de
faire une nouvelle visite à la maison de mon
oncle où j'avais appris à admirer la politesse
et l'élégance raffinée de la société qui y
venait, ainsi que le goût tout européen qui
avait présidé à son ameublement et à sa
décoration assez magnifiques pour lui assigner
à juste titre le rang de résidence princière.
A mesure que nous traversions la ville,
chacun des objects qui se représentaient à
ma vue faisait naître dans mon coeur un
plaisir nouveau. Jamais Pétersbourg ne

m'était apparu aussi beau, aussi souriant,
aussi imposant. La vivacité de mes pensées
donnait à toutes choses de l'animation, tandis
que par instinct je baissais les glaces de la
voiture, espérant voir soit un ami soit un
parent dans chacun de ceux qui passaient,
et saluant même les objets les plus vulgaires
du regard de la vieille amitié. J'avais la
fièvre dans l'esprit avant d'avoir atteint notre
porte; et à peine eus-je chez moi disposé
pour ma fille une chambre à côté de la
mienne, que je courus à la maison de mon
père et à celle de mon oncle, oubliant
complétement qu'à cette époque de l'année
mon père et mon oncle étaient à leur campagne.

Le lendemain, mon père vint nous voir
et il nous fit part d'un récent ordre de Cour,
portant que ceux d'entre les officiers des
Gardes Preobraginsky qui avaient été invités
à Oranienbaum par le Grand-Duc et la Grande-
Duchesse eussent à s'y rendre avec leurs
femmes: or nous étions désignés. Cette
nouvelle m'affecta très péniblement; car j'a-
vais déjà conçu de l'antipathie pour la gêne
de la vie des cours, et en ce moment l'idée
de me séparer de ma fille me faisait éprouver

la plus grande répugnance. Cependant mon
père ayant eu la bonté de nous offrir sa
maison qui était sise entre Pétersbourg et
Oranienbaum, nous nous y établîmes volontiers, et, le lendemain de notre arrivée, nous
allâmes faire notre cour à LL. AA. II. Au
moment de notre présentation, le Grand-Duc,
je me le rappelle, s'adressa ainsi à moi:
„Bien que vous soyez déterminée, je pense,
à ne pas vivre dans ce palais, j'espère vous
voir tous les jours, et je compte que vous
passerez plus de temps avec moi qu'en la
compagnie de la Grande-Duchesse." — Je
ne répondis rien qui fût digne de remarque;
mais j'éprouvais fort peu de dispositions à
répéter mes visites plus souvent qu'il n'était
nécessaire pour sauver les apparences et
éviter d'offenser le prince. A cet égard,
il fallait absolument faire quelques sacrifices
pour assurer, quant au présent, la facilité
que je pouvais avoir de jouir de la société
de la Grande-Duchesse et de cultiver son
amitié et son estime dont chaque jour je
recevais de nouvelles preuves bien marquées.
Cependant on n'avait pas été sans remarquer
les prétextes variés et fréquents que j'étais
obligée d'employer pour me soustraire aux

plaisirs de son Impérial époux; la préférence
décidée que je témoignais avait été observée.
C'est ce que le Grand-Duc me donna à
entendre quand, me prenant un jour à l'écart,
il m'étonna par une remarque où se peig-
naient son ingénuité et la bonté de son coeur,
mais qui, en attendant, était exprimée en
termes infiniment plus clairs et précis que
n'en offrait le ton habituel de sa conversation.
Je sais seulement, à quel point j'en fus surprise, ignorant encore qui lui avait adroite-
ment fourré cette idée dans la cervelle pour
les besoins de la circonstance: „Mon enfant,
dit-il, veuillez bien vous rappeler qu'il vaut
infiniment mieux avoir affaire aux honnêtes
esprits lourds comme votre soeur et moi,
qu'aux grands esprits qui sucent le jus de
l'orange et ensuite jettent l'écorce." J'affectai
de ne comprendre ni l'importance ni l'application de ces paroles et me bornai, pour
réponse, à lui rappeler combien sa tante
l'Impératrice avait clairement exprimé son
désir que nous n'eussions pas moins d'empressement pour la Grande-Duchesse que
pour S. A. I. le Grand-Duc. Ici je saisirai
l'occasion de rendre justice à ma soeur la
Comtesse Elizabeth qui comprenait assez

bien la différence de nos caractères pour
n'attendre pas de moi les marques de déférence que sa position lui valait de la part
du reste de la cour. Ainsi que je l'ai fait
observer, il était impossible de se soustraire
à tous les plaisirs offerts par le Grand-Duc.
Ces divertissements avaient lieu dans une
espèce de camp où l'amusement favori du
Grand-Duc était de fumer avec ces généraux
holsténois. Ces officiers avaient été pour
la plupart caporaux et sergents, au service
de Prusse; c'étaient des espèces de misérables, fils de cordonniers allemands et qui
étaient sortis de la lie du peuple; une collection de généraux déguenillés qui n'étaient
pas indignes du choix d'un tel chef.
Les soirées se terminaient par un bal et un
souper donnés dans un salon qu'on avait
revêtu de branches de sapin et qui avait
reçu un nom allemand en rapport avec le
goût de sa décoration ainsi qu'avec cette
sorte de phraséologie à la mode auprès de
la compagnie; phraséologie tellement mêlée
de termes germaniques, qu'une certaine connaissance de cette langue était absolument
nécessaire à quiconque ne voulait pas devenir
un objet de risée pour cette auguste société.

D'autres fois le Grand-Duc donnait ses
fêtes dans une petite maison de campagne
située à peu de distance d'Oranienbaum et
qui, en raison de sa médiocre étendue, ne
pouvait recevoir qu'un nombre borné d'invités :
là, le punch et le thé, joints aux vapeurs
du tabac et au ridicule jeu de c a m p i s
servaient de distractions contre la triste
monotonie de la soirée. Quel contraste frap-
pant avec l'esprit, le goût, le bon sens et
la convenance qui caractérisaient les fêtes
de la Grande-Duchesse! Toutes les sym-
pathies que j'y rencontrais ne pouvaient
manquer de fortifier la prédilection qu'elles
m'inspiraient; et si je remarquais avec plaisir
combien s'augmentait l'estime de la Grande-
Duchesse à notre égard, je n'étais pas non
plus sans m'apercevoir qu'il n'y avait personne de plus sincèrement dévoué à ses
intérêts que le prince Daschkow et moi.

L'Impératrice habitait le palais de Peter-
hoff, où une fois par semaine la Grande-
Duchesse avait la permission de voir son
fils le Grand-Duc Paul. En revenant de faire
cette visite elle avait l'habitude de s'arrêter
chez nous et elle nous invitait à l'accompagner jusqu'à sa demeure pour y passer

le reste de la soirée. Je recevais d'elle de petits billets quand une cause quelconque empêchait nos fréquentes réunions d'avoir lieu; et ce fut ainsi que naquit une correspondance intime et confidentielle qui se poursuivit après que la Grande-Duchesse eut quitté la campagne, et qui, à défaut de sa société, fortifia et anima encore un dévouement auquel il n'y avait pas d'autres limites que mon amour pour mon mari et mes enfants.

Pendant une des fêtes données au palais par le Grand-Duc, la Grande-Duchesse se trouvant à la table où étaient assises quatre-vingt personnes, la conversation vint à tomber sur un M. Tschelischtscoff, enseigne dans les gardes, soupçonné d'être l'amant de la comtesse Hendrikoff, nièce de Sa Majesté. Le Grand-Duc, très échauffé par le vin, jura, exactement à la manière d'un caporal prussien, qu'il faudrait lui trancher la tête, et que ce serait donner un bon avertissement à ses camarades pour avoir osé vivre dans l'intimité avec une parente de sa Souveraine. Tandis que les sycophantes holsténois exprimaient par des mouvements de tête et des gestes leur profonde admiration pour la sagesse du maître, je ne pus

m'empêcher de répondre à Son Altesse Impériale que trancher ainsi une tête me semblait un acte par trop tyrannique; car le
crime en question fût-il prouvé, un châtiment
si terrible serait hors de proportion avec
l'offense. — „Vous n'êtes qu'une enfant,
répliqua-t-il; et vos paroles en sont une
preuve; autrement, vous sauriez que s'abste-
nir de condamner à la peine capitale c'est
encourager l'insubordination et toute espèce
de désordre.“ — „Mais, Monsieur, dis-je,
Votre Altesse Impériale parle d'un sujet et
sur un ton fort alarmants l'un et l'autre
pour la compagnie présente; car, à l'exception de ces honorables généraux, nous tous
qui en ce moment avons l'honneur de siéger
en votre présence nous n'avons vécu que
sous un règne où jamais on n'a entendu
parler d'un pareil châtiment.“ — „Quant à
ça, répondit le Grand-Duc, cela ne signifie
rien, ou plutôt c'est la véritable cause du
manque actuel de discipline et d'ordre; mais
croyez-m'en, vous n'êtes qu'une enfant et
vous ne comprenez rien à ce sujet.“ Chacun des assistants était silencieux; et la
conversation, si l'on peut lui donner ce nom,
resta entre nous deux. „Je suis prête à

reconnaître, Monsieur, lui dis-je, que je suis tout-à-fait incapable de comprendre votre raisonnement: mais ce que je sais bien, c'est que votre auguste tante vit encore et occupe le trône. „Les yeux de tous les convives se tournèrent immédiatement vers moi; le Grand-Duc, j'en fus heureuse, ne fit aucune réponse, mais il tira sa langue, plaisir qu'il se donnait vis-à-vis des prêtres dans l'église, ce qui m'indiqua qu'il n'était pas de mauvaise humeur et m'épargna de nouvelles repliques. Comme il y avait parmi nous plusieurs officiers des gardes et du corps des cadets dont le Grand-Duc avait ostensiblement la direction, cette conversation se répandit le lendemain dans Pétersbourg avec la rapidité de l'éclair et elle me valut une grande notoriété à laquelle, dans mon extrême ignorance du monde et des cours, je n'attachais qu'une très mince valeur. Je fus très sensible à la manière flatteuse dont la Grande-Duchesse en parla, comme je l'étais à tout ce qui recevait son approbation et était l'objet de sa préférence; mais, à cette époque, j'ignorais le danger qu'il y a à dire la vérité aux souverains, audace qu'ils peuvent pardonner peut-être, mais que leurs courtisans,

j'en suis sûre, ne pardonnent jamais. Ce
fut cependant ce petit incident, joint à quelques autres preuves semblables d'une sincérité intrépide, qui me conquit une reputa-
tion de présence d'ésprit et de fermeté de
caractère, et c'est à cela que j'attribue
l'empressement et même l'enthousiasme avec
lequel le prince Daschkow, ses amis et camarades des gardes m'accordèrent immédiatement après leur confiance entière.

Depuis longtemps la santé de l'Impératrice
allait déclinant. Aux approches de l'hiver,
on n'avait plus qu'un bien faible espoir de
la conserver. Je partageais le chagrin que
la plupart de mes parents, et principalement
le Grand-Chancelier, éprouvaient à ce sujet;
non-seulement parce que j'aimais Sa Majesté,
mais encore parce qu'au souvenir des scènes
dont j'avais été témoin à Oranienbaum, si
peu de temps auparavant, je savais combien
peu mon pays avait à espérer du Grand-Duc
successeur de l'Impératrice, plongé comme
il l'était dans la plus dégradante ignorance,
insoucieux du bonheur de sa patrie et dirigé
par des principes qui ne s'élevaient pas au-
dessus de l'honneur vulgaire d'être une créature du roi de Prusse qu'il avait l'habitude,

au milieu de ses camarades holsténois, de désigner sous ce titre: „Le roi mon maître."

Vers le milieu de Décembre, on annonça que l'Impératrice n'avait plus que quelques jours à vivre. En ce moment j'étais assez gravement indisposée; il m'avait même fallu prendre le lit: mais insensible à tout autre danger que ceux qui pourraient menacer la Grande-Duchesse quand la souveraine régnante n'existerait plus, je me levai à minuit le 20 de ce mois, et m'étant enveloppée de fourrures, je me fis conduire au palais de bois sur la Moïka, où résidaient alors Sa Majesté et le reste de la famille impériale. Étant descendue de ma voiture à quelque distance du palais, je m'acheminai vers un petit vestibule de derrière dans l'aile qu'occupaient leurs Altesses Impériales. J'espérais parvenir sans avoir été remarquée jusqu'aux appartements de la Grande-Duchesse. Par le plus heureux hasard qui m'épargna peut-être quelque méprise fâcheuse, car je ne connaissais nullement cette partie du palais, je rencontrai la première femme de chambre de la Grande-Duchesse, Catherine Ivanovna. Je me fis reconnaître d'elle et la priai de me conduire immédiatement

auprès de son Altesse Impériale. „Elle est
au lit“, répondit Catherine. — „N'importe,
dis-je; l'affaire qui m'amène est urgente; il
faut que je lui parle cette nuit.“ La femme
de chambre qui me connaissait bien et savait
quel attachement je portais à sa maîtresse,
n'hésita pas davantage et, bien que l'heure
fût peu convenable, elle me conduisit à l'appartement de la Grande-Duchesse. Celle-ci
n'ignorant pas que j'étais souffrante et par
conséquent ne jugeant pas vraisemblable que
je m'exposasse au froid d'une nuit si rigou-
reuse et que, de plus, j'affrontasse la difficulté de me faire admettre dans le palais,
put à peine en croire ses oreilles quand elle
m'entendit annoncer. „Pour l'amour de Dieu!
s'écria-t-elle, si réellement elle est ici qu'on
la fasse entrer tout de suite.“ — Je la
trouvai au lit; mais avant qu'il m'eût été
possible de prononcer un mot: „Ma très
chère princesse, dit-elle, attendez que vous
vous soyez réchauffée pour m'apprendre ce
qui vous amène à une heure aussi extraordinaire. En vérité, vous ne vous souciez
pas assez de votre santé qui est si précieuse
pour le prince Daschkow et pour moi.“ Alors
elle m'ordonna d'entrer dans le lit, et après

avoir bien enveloppé mes pieds, elle me permit enfin de parler. „Madame, lui dis-je, dans l'état présent des choses, quand il ne reste plus à l'Impératrice qu'un petit nombre de jours, peut-être même un petit nombre d'heures à vivre, je ne puis supporter davantage l'idée de l'incertitude où l'événement qui s'approche mettra vos intérêts. Est-il impossible de prendre quelques précautions contre un péril imminent et de détourner ces nuages qui sont prêts à fondre sur votre tête? Au nom du Ciel, mettez en moi votre confiance; j'en suis digne, et je le prouverai davantage encore. Avez-vous formé un plan, ou bien pourvu à votre sûreté? Daignez me donner vos ordres et me diriger."

La Grande-Duchesse, le visage baigné de larmes, pressa ma main contre son coeur. „Ma bien chère princesse, répondit-elle, je vous suis reconnaissante au-delà de ce que je pourrais exprimer: c'est avec la plus parfaite confiance, avec la plus parfaite franchise que je vous déclare ceci: je n'ai formé aucune espèce de plan, je n'entreprendrai rien, et je crois que la seule chose qui me reste à faire, c'est d'accepter avec courage les événements tels qu'ils se présenteront. Ainsi je me remets entre les

mains du Tout-Puissant, et c'est dans sa
protection que je place mon unique espérance." — „Alors, Madame, lui dis-je, ce
sera donc à vos amis à agir pour vous.
Quant à moi, j'ai assez de zèle pour les
enflammer tous; et quel est le sacrifice que
je ne sois prête à faire?" — „Au nom du
Ciel, princesse, me dit-elle, ne songez pas
à vous exposer au danger, dans l'espérance
de conjurer des maux qui, de fait, sont
sans remède. Si à cause de moi vous attiriez
le malheur sur votre tête, j'en éprouverais
un regret éternel." — „Tout ce que je puis
dire quant à présent, Madame, lui répondis-
je, c'est que je ne ferai aucune démarche
qui puisse compromettre votre sûreté. Quel
que soit le danger, seule je resterai en
évidence. Un aveugle dévouement pour votre
cause dût-il me conduire jusqu'à l'échafaud,
jamais vous n'en serez victime." La Grande-
Duchesse poursuivait l'entretien, et elle me
mettait en garde contre l'inexpérience de
mon âge et l'exaltation de mon caractère
quand, l'interrompant, je lui baisai la main
et l'assurai que je ne voulais exposer ni
l'une ni l'autre de nous en prolongeant davantage cette entrevue. Alors elle m'embrassa

cordialement; nous restâmes quelques moments dans une étreinte pleine d'émotion;
puis je sortis du lit, et laissant la Grande-
Duchesse tout agitée de ce qui s'était passé,
je me hâtai avec autant de courage et de
force que j'en possédais, de m'en retourner
reprendre ma voiture.

Le prince que je trouvai en rentrant et
qui venait seulement de me précéder, avait
été surpris au plus haut degré, et c'est facile
à concevoir, en apprenant que son invalide
était sorti. Mais quand je lui dis où j'avais
été, et quel motif avait eu cette visite; quand
je lui répétai la résolution sérieuse que j'avais
prise de contribuer au bonheur de mon pays
en sauvant la Grande-Duchesse, il approuva
l'énergie et le dévouement que j'avais mon-
trés; il y applaudit dans les termes les
plus chaleureux en y joignant ceux de la
plus tendre sollicitude, car il craignait que
dans cette circonstance je n'eusse sacrifié
ma santé. Ce soir-là, il avait été voir mon
père; et lorsqu'il me répéta une partie de
la conversation qu'ils avaient eue ensemble;
lorsque je compris, à travers la prudente
mesure des paroles de mon mari, que ses
sentiments et présages à propos du prochain

changement, étaient de ceux dont pouvait s'alarmer tout coeur patriotique, ma satisfaction fut complète, et je ne songeai pas davantage à la souffrance, à la fatigue, au danger que j'avais affrontés.

———

CHAPITRE III.

Mort de l'Impératrice Elizabeth. — Sentiments de l'armée à cette occasion. — Invitation du nouvel Empereur à la princesse. — Conversation extraordinaire avec l'Empereur. — Il manifeste son intention d'élever au trône la soeur de la princesse. — Une partie de cartes impériale. — Franchise de langage envers un Empereur. — Un guerrier de cour. — Pierre III dans la salle funéraire. — L'ambassadeur d'Angleterre M. Keith. — Souper chez le Grand-Chancelier. — Etranges assertions et déclarations de l'Empereur. — L'étiquette nouvelle. — Une nomination intempestive. — Scandale de cour.

Le 25 Décembre, jour de Noël, l'Impératrice Elizabeth rendit le dernier soupir. Cet événement produisit dans Pétersbourg une impression telle, que, nonobstant les réjouissances accoutumées qu'amène ce jour, une expression de chagrin et de crainte se lisait sur chaque physionomie. Quelques écrivains ont dit que la garde était livrée à divers sentiments;

on l'a même montrée courant avec joie vers
le palais pour prêter le serment*de fidélité
au nouveau maître. Deux régiments de la
garde, les Semenoffsky et les Ismaeloffsky,
passèrent sous mes fenêtres, et d'après
l'évident témoignage de mes sens je puis
attester ce dont chaque habitant eût pu faire
aussi la déclaration: à savoir que dans les
mouvements de ces soldats il n'y avait ni
empressement ni satisfaction. Loin de là:
ils avaient, en passant, l'air sombre et abattu;
un murmure confus, étouffé, circulait à travers les rangs: quand bien même la cause
ne m'en eût pas été connue, il ne m'eût
pas fallu d'autre attestation pour m'assurer
que l'Impératrice n'existait plus.

Très indisposée encore, je gardais la chambre; et mon oncle le Grand-Chancelier était
malade au lit quand, le troisième jour après
son avénement l'Empereur surprit beaucoup
mon oncle en lui faisant visite; et, à mon
grand étonnement, aussi m'envoya un page
pour me demander de venir passer la soirée
au palais. Mon état de santé me servit de
prétexte ce jour-là et le lendemain encore
où l'invitation se renouvela. Deux ou trois
jours après, ma soeur m'écrivit un billet

4

pour m'informer que l'Empereur n'était pas
du tout content de mes refus, et qu'il ne
croyait pas un mot de l'excuse que j'avais
donnée. En conséquence, désireuse de prévenir des explications et des remarques dont
les effets eussent pu être désagréables pour
le prince mon mari, je me décidai enfin à
accepter; et après avoir fait une visite à
mon père et à mon oncle, je me rendis au
palais. L'Impératrice, dont je ne pus avoir
de nouvelles que par son valet de chambre,
n'était, à ce que j'appris, visible pour personne. Pleine de tristesse et de crainte,
elle n'avait quitté ses appartements que pour
donner les ordres nécessaires et veiller à
ce que le corps de la Souveraine défunte
fût entouré des soins les plus respectueux.

Dès que je parus en sa présence, l'Empereur commença à aborder un sujet qui
semblait lui toucher au coeur, et il le fit
de manière à confirmer mes soupçons et
mes alarmes en ce qui concernait l'Impératrice. Il parlait à voix basse et à demi-mots,
mais en termes non équivoques, de l'intention où il était de la déplacer, — manière
d'indiquer l'Impératrice — et d'élever au
trône Romanovna, comme il disait en

désignant ma soeur. S'étant ainsi ouvert à moi, il se mit à me donner quelques avis utiles. „Ma petite amie, dit-il, si vous voulez bien écouter mes conseils, prenez un peu plus garde à nous; un temps pourra venir où vous auriez quelque bonne raison de regretter la négligence montrée à votre soeur: croyez-m'en, votre intérêt seul dicte mes paroles; vous n'avez pas d'autre moyen de vous poser dans le monde que d'étudier la pensée de votre soeur et de travailler à gagner son appui, sa protection."

Comme en ce moment il m'était impossible de faire une réponse convenable, j'affectai de ne pas comprendre un mot à ce qu'il avait dit, et je m'empressai de rejoindre ses invités au jeu de campis. A ce jeu, chaque personne a un certain nombre de vies, et c'est le survivant qui gagne. L'enjeu que chacun jette sur le tapis vert était de dix impériales, somme beaucoup trop exagérée pour ma bourse; d'autant plus que l'Empereur, lorsqu'il perdait, au lieu de résigner une de ses vies, selon les règles du jeu, tirait de sa poche une impériale et la jetait sur le tapis, manoeuvre habile par laquelle il gagna nécessairement. Sitôt la

4*

partie finie, l'Empereur en proposa une
seconde dont je le priai positivement de me
dispenser. Il insista pour que je consentisse
à jouer de nouveau, mais je refusai aussi
obstinément. Alors il m'offrit de me mettre
de moitié avec lui. Je refusai encore cela
jusqu'à ce qu'enfin je fus obligé de déclarer,
du ton d'une enfant dépouillée, (car il ne me
traitait d'habitude qu'en enfant) que je n'étais
pas assez riche pour qu'on me trichât; mais
que si Sa Majesté voulait bien jouer comme
tout le monde, on pourrait alors avoir quelque
chance. L'Empereur qui était de bonne humeur laissa passer cette impertinence sans
autre commentaire que quelques-unes de ses
plaisanteries habituelles; après quoi, il me
fut permis de m'échapper. Le cercle de Sa
Majesté au jeu, ce soir-là aussi bien que
la plupart des autres, se composait des deux
Narishkins et leurs femmes, de M. Ismaïloff
et sa femme, de la commtesse Elizabeth,
de MM. Milgounoff, Goudovitch et Angern,
premier aide de camp de l'Empereur, de la
comtesse Bruce, et de deux ou trois autres
dont j'ai oublié les noms. Tous ils me
regardèrent avec étonnement; et lorsque
ensuite je me retirai du cercle, j'entendis

qu'ils s'adressaient mutuellement cette excla-
mation, comme les généraux holsténois à Oranienbaum: „Que cette femme-là a d'esprit!"

Comme je traversais d'un pas rapide la
suite d'appartements où le reste de la cour
était réuni, je remarquai une telle métamor-
phose d'habillement chez chacune des personnes présentes, que tout ce monde me
sembla costumé pour une mascarade. Je
ne pus m'empêcher de sourire quand j'aperçus
le vieux prince Troubetskoy qui n'avait pas
moins de soixante-dix ans, transformé tout
à coup en homme de guerre et maintenant,
pour la première fois de sa vie, en grand
uniforme, serré comme un tambour, botté,
éperonné, prêt pour un combat à outrance.
Ce déplorable vieux courtisan qui avait la
manie de simuler la souffrance et la décré-
pitude comme le font les mendiants, s'était
dernièrement, dans un but à lui connu,
donné une attaque de goutte et s'était fait
si bien envelopper les jambes qu'elles étaient
aussi grosses que son corps: mais du moment
où le nouvel Empereur fut proclamé, le vieux
prince s'élança de son lit, armé de pied en
cap et aussitôt courut se ranger parmi les
gardes Ismaeloffsky, dont il avait été nommé

lieutenant-colonel, molestant tous ceux qui
se trouvaient sous ses ordres. Cette effrayante vision représentait un des intrépides
guerriers de la cour de Pierre!

Tandis que des bouffonneries de cette sorte
se produisaient à la cour du nouvel Empereur, les cérémonies d'usage en l'honneur de
la souveraine défunte n'étaient pas oubliées.
Le corps fut exposé durant six semaines,
gardé tour à tour par toutes les femmes de
qualité et visité chaque jour par l'Impératrice qui donna tant de preuves de respect
sincère et d'attachement à la mémoire de
sa tante et bienfaitrice, qu'elle intéressa
vivement tous les assistants, et conquit leur
coeur. Pierre III, au contraire, entrait rarement dans la chambre funéraire, et seulement, c'était chose évidente, pour montrer
le vide de son esprit et l'inconvenance de
son caractère. On le voyait, dans ces mo-
ments-là, chuchoter et sourire avec les dames
de service, tourner les prêtres en ridicule
et chercher querelle aux officiers, aux sentinelles même sur la discipline, sur l'important article de la toilette, sur le pli de leur
cravate, sur la grandeur de leurs boucles et
la coupe de leur uniforme.

Parmi les ministres étrangers en résidence alors à Pétersbourg, comme il y en avait peu qui jouissent de quelque considération dans la nouvelle cour, il n'y avait non plus que peu de dispositions favorables à l'Empereur. A l'exception du ministre de Prusse, le seul qui fût dans les bonnes grâces de Pierre III c'était l'ambassadeur anglais M. Keith. Le prince Daschkow et moi nous vivions dans les termes de la plus grande intimité avec ce respectable gentleman qui me témoignait autant de tendresse que si j'eusse été réellement sa fille, nom qu'il avait l'habitude de me donner. Vers cette époque, dans une de nos petites réunions où il n'y avait que nous et la princesse Galitzin, je me souviens que M. Keith, nous parlant de l'Empereur, fit observer d'un ton de regret que ce souverain avait inauguré son règne avec l'intention d'offenser son peuple, et qu'en le terminant il n'aurait gagné que le mépris de ses sujets.

Sa Majesté ayant un jour fait annoncer qu'elle avait l'intention de souper chez le Grand-Chancelier, — proposition médiocrement agréable pour mon oncle à peine en état encore de se lever, — nous fûmes

désignés, ma soeur la comtesse Bouterlin,
le prince Daschkow et moi, comme devant
être de la fête. L'Empereur arriva vers
les sept heures et alla dans la chambre de
mon oncle causer avec lui jusqu'au moment
où l'on annonça que le souper était servi.
Les amis de mon oncle y tinrent compagnie
à Sa Majesté. Ma soeur la comtesse Bouterlin, la comtesse Stroganoff et moi, sous prétexte de faire les honneurs du repas, nous
nous tînmes debout durant le souper, allant
et venant dans la salle, ce qui plaisait infiniment à l'Empereur, fort peu ami, comme on
sait, de l'étiquette. Le hasard fit que je me
trouvai derrière le fauteuil de Sa Majesté
au moment où elle adressait directement la
parole au comte Merci, ambassadeur d'Autriche. L'Empereur racontait qu'il avait été
chargé par son père, du temps où il était
à Kiel, dans le Holstein, de diriger une expédition contre les Bohémiens qu'en un
instant il avait mis en déroute avec un
peloton de carabiniers et une compagnie de
fantassins. Pendant le récit de cet exploit,
je remarquai que l'ambassadeur d'Autriche
avait plusieurs fois changé de couleur, sans
doute par suite de l'embarras où il était

de comprendre si Sa Majesté parlait des
Bohémiens vagabonds ou Gipsies qui vivent
de rapines et de bonne aventure, ou bien
des Bohèmes sujets de l'Impératrice-Reine.
Ce qui peut-être ajoutait à son trouble,
c'était un ordre récemment émané de la
cour de Pétersbourg et d'après lequel les
troupes russes allaient être séparées des
troupes autrichiennes: mesure qui, de la
part de l'Empereur, indiquait des intentions
peu pacifiques à l'égard de cette souveraine.
Debout comme je l'étais en ce moment derrière le fauteuil de l'Empereur, je me pen-
chai en avant, et lui glissant à demi-voix,
en russe quelques mots conformes au caractère qu'il me connaissait et goûtait en moi,
je le priai de ne pas débiter de pareils
contes aux ministres étrangers: car s'il y
avait eu à Kiel des Bohémiens vagabonds,
son père eût employé pour les chasser des
officiers de police et non Son Altesse qui,
à l'époque indiquée, n'était encore qu'un
enfant. „Vous êtes une petite folle, dit Sa
Majesté, se tournant vivement vers moi, et
vous vous plaisez à me taquiner.‟ Je remarquai que l'Empereur avait bu copieusement,
et l'observation que je jetai au milieu de son

histoire ne tira pas à conséquence, heureusement pour moi.

Un soir, j'assistais à une fête au palais.
Quel fut l'étonnement de toute la compagnie
quand Sa Majesté, en terminant une longue
conversation sur son sujet favori, le roi de
Prusse, invita tout haut M. Wolkoff, un des
assistants, à affirmer combien de fois ils
avaient ri ensemble des ordres secrets que
l'Impératrice Elizabeth envoyait à ses armées
en Prusse. Ce personnage, qui à cette
époque n'était rien moins que le premier
secrétaire du conseil suprême et qui, de
concert avec le Grand-Duc, avait neutralisé
l'effet qu'on attendait de ces ordres en en
transmettant des copies secrètes au roi de
Prusse, eut assez de pudeur pour se sentir
confondu à un pareil appel, et faillit tomber
de son siége à chaque mot prononcé par
l'Empereur. Sa Majesté cependant, tout à
fait incapable de comprendre cette impression, semblait se délecter au souvenir de ce
qu'elle avait fait et s'enorgueillir d'avoir pu
saisir l'occasion de rendre un aussi bon
office aux ennemis de son pays.

Au nombre des changements récents qui
furent introduits à la cour, il faut placer le

salut à la française, lequel fut substitué au
salut à la russe, consistant dans une profonde inclination de la tête et du corps. Les
efforts tentés par les vieilles dames pour dé-
roidir leurs genoux, conformément à cette
innovation, furent en général très malheureux, et parfois assez comiques; c'était pour
l'Empereur un grand sujet d'amusement que
d'assister à ces échecs. Aussi se faisait-il
un devoir d'aller régulièrement à la chapelle
de la cour, ou plutôt de se trouver à la
fin du service religieux; car il était sûr
alors de saisir une excellente occasion d'exercer sa bonne humeur en observant et imitant avec force grimaces les attitudes des
dames dont les efforts pour lui plaire sur ce
point étaient le moins couronnés de succès.
Parmi ces dernières était la vieille Comtesse Bouterlin, belle-mère de ma soeur.
Je me souviens qu'une fois elle eût fait une
chute grave sans l'assistance empressée de
quelques personnes qui se trouvaient à côté
d'elle.

D'après les scènes que je viens de rapporter, on comprendra aisément que les pensées de l'Empereur ne s'appliquaient guère
à son fils ni à rien de ce qui concernait

son éducation. Panin l'aîné, gouverneur de
ce jeune prince, témoignait souvent à Sa
Majesté le désir qu'elle voulût bien s'assurer
des progrès de son fils en assistant à un
de ses examens habituels; mais l'Empereur
pour se dérober à ce devoir donnait cette
excuse inadmissible: „Qu'il n'entendait rien
à ces sortes de matières". Enfin, sur les
instances réunies de ses deux oncles les
princes de Holstein, il consentit à exaucer
les voeux du gouverneur. En conséquence,
le Grand-Duc fut interrogé en sa présence.
Au bout de cet examen, l'Empereur dit tout
haut à ses oncles: „Entre nous, messieurs,
je crois que ce petit drôle connaît toutes
ces choses beaucoup mieux que nous." Et
alors, comme témoignage de l'approbation
qu'il accordait au savoir que son fils avait
déployé, il l'eût immédiatement nommé caporal dans les gardes sans les objections
de M. Panin qui représenta gravement à Sa
Majesté qu'un tel honneur tournerait la petite
tête du prince qui se figurerait ainsi être
déjà un homme. L'Empereur, qui ne s'apercevait point du ridicule qu'il se donnait, consentit à réserver ses intentions à l'égard de
son fils, mais s'empressa de récompenser le

gouverneur en lui conférant le grade de
général d'infanterie.

Pour sentir parfaitement ce qu'avait d'inouï
une telle proposition s'adressant à M. Panin,
il faut s'imaginer un pâle valétudinaire,
ayant dépassé grandement l'âge moyen, n'aimant que ses aises, ayant toujours vécu
dans les cours, très soigneux de sa mise,
portant une perruque volumineuse avec trois
nattes bien poudrées qui tombaient sur ses
épaules, en un mot une fine fleur de courtisan du temps de Louis XIV. Le ton
de caporalisme, exclusivement cher à
Pierre III, était de toutes les choses du
monde ce que M. Panin abhorrait le plus.
Aussi, lorsque le lendemain cette dignité in-
attendue lui fut annoncée par M. Milgounoff,
qui avait été chargé de cette haute communication, M. Panin déclara tranquillement
que s'il n'y avait pas d'autre moyen d'échapper à un honneur dont il se sentait si pro-
fondément indigne, il était résolu à se retirer
immédiatement en Suède. L'Empereur apprit
la nouvelle de ce refus avec une extrême
surprise. „J'avais toujours cru, dit Sa Majesté, que Panin était un homme de sens;
mais maintenant, je n'en penserai plus rien‟.

Cependant on trouva un compromis; et l'Empereur, qui voulait absolument·l'honorer d'une espèce de promotion, lui accorda toutes les distinctions civiles que le grade en question comportait.

Ici je dois parler de la parenté qui existait entre le prince Daschkow et les Panins. Les deux frères de ce nom étaient cousins-germains de ma belle-mère, par conséquent cousins issus de germain; ou, en d'autres termes, selon notre manière d'exprimer cette parenté en Russie, oncles de mon mari. Cette sorte de lien de famille qui dans notre pays se perd rarement de vue, mais continue ·plutôt d'être reconnu sous les mêmes dénominations d'oncle et de neveu à travers plusieurs générations, s'était fortifiée et resserrée chez nous par les noeuds plus étroits encore de l'affection et de la reconnaissance. J'avais à peine connu jusqu'à l'époque de la révolution le frère aîné qui, au temps de mon enfance, avait été constamment chargé de missions à l'étranger: mais l'intimité qui s'établit alors entre nous, et qui pouvait si raisonnablement être attribuée ,à des motifs bien différents de ceux que supposèrent mes ennemis lorsque je fus devenue un objet d'envie, fournit un texte aux traits envenimés de la calomnie sans que l'amour passionné qu'on me connaissait pour mon mari suffît pour la réduire au silence. Il y eut des gens qui accusèrent ce respectable vieil oncle d'être mon amant; d'autres, qui s'en allèrent disant partout qu'il était mon père; la plupart de ces derniers ne me relevèrent de la première imputation que pour flétrir la réputation de ma mère. S'il n'eût pas rendu des services réels à mon mari et à mes enfants, je crois qu'il eût été impossible, après de pareilles calomnies, de comprimer l'aversion qu'elles excitent naturellement pour une personne qui, même à tort, en a été le sujet et la cause. A parler franchement, je trouvais infiniment plus de plaisir dans la société de son frère le général dont la franchise militaire et le caractère mâle s'accordaient parfaitement avec la sincérité de ma nature; tant que vécut sa femme, à laquelle j'avais voué la plus vive affection, je le vis beaucoup plus que le ministre. Mais j'en ai dit assez sur ce chapitre qui m'afflige encore, même aujourd'hui, lorsque j'y pense.

CHAPITRE III.

Une circonstance embarrassante. — Mission confiée au
prince Daschkow. — Conduite impopulaire de l'Empereur. — Paix avec la Prusse. — Réjouissances
extraordinaires à cette occasion. — Banquet à la
cour; outrage commis par l'Empereur. — Plaisante
dispute entre l'Empereur et un de ses oncles. —
Premiers symptômes de conspiration.—Le maréchal
Razoumoffsky. — Mécontentement de la garde. —
M. Panin, gouverneur du Grand-Duc. — Le prince
Repnin. — Fête au palais d'été. — Nouveaux obstacles.—La princesse expose ses projets à M. Panin.
— Elle lui nomme les personnes qui conspirent avec
elle. — M. Oddars. — Faussetés à son sujet. —
L'archevêque de Novogorod favorable à un changement. — Un accident et ses conséquences. — Anecdote extraordinaire sur l'Empereur. — Scène déplo-
rable après une revue.—Genre de vie de Pierre III.

Au mois de Janvier 1762, il se produisit
un fait d'une nature très désagréable et dont
les conséquences furent très graves pour
moi. Un matin, pendant la parade de la
garde, tandis que le régiment s'avançait
en bon ordre vers le palais, l'Empereur,
s'imaginant que la compagnie conduite par
le prince Daschkow n'avait pas manoeuvré
au commandement, courut vers lui, et avec
le ton et les manières d'un vrai sergent
grossier lui adressa une réprimande pour

cette prétendue erreur. Le prince objecta
respectueusement qu'il ne croyait pas être
en faute; mais quand l'Empereur revint à la
charge, le prince naturellement vif et cha-
touilleux sur la moindre offense faite à son
honneur, répliqua avec une telle présence
d'esprit et une telle énergie, que Sa Majesté,
craignant je ne sais quelles suites à cette
discussion, battît en retraite avec une précipitation au moins égale à la fougue qu'il
avait mise à accourir.

La nouvelle de ce qui s'était passé me
jeta dans un effroi qu'il est facile de comprendre. Que cette querelle, bien que venant
du fait de l'Empereur, n'allât pas plus loin,
c'était chose tout-à-fait improbable; les don-
neurs de conseils, par exemple, ne manque-
raient pas d'inspirer des mesures de froide
et inflexible revanche qui seraient fatales
aux intérêts de l'armée, qui sait? peut-être
à la vie de mon mari. Dans le dilemme
présent le prince semblait n'avoir que le
choix des maux: soit qu'il eût à braver le
ressentiment de l'Empereur et lui fournir de
nouveaux motifs en restant à Pétersbourg,
soit qu'il se résignât à un exil volontaire
jusqu'à ce que le courroux du souverain se

fût refroidi ou que les effets en fussent
neutralisés par, quelque changement politique.. . Indépendamment des motifs qui pous-
saient ses amis à lui recommander ce dernier
parti, de mon côté j'en avais de trop puis-
sants pour que je pusse combattre cette
opinion par des arguments plus tendres.
Depuis longtemps mon esprit avait envisagé
en face les périls qui, sous le gouvernement
actuel, paraissaient menacer les plus chers
intérêts de notre pays. Déjà j'avais donné
la preuve de l'agitation que me causaient
ces pensées dans la visite que je fis à la
Grande-Duchesse; et bien que les projets
qui embrasaient mon cerveau ne fussent
encore que très vagues, une idée dominante
s'était fixée dans mon esprit et m'avait
amenée, comme par inspiration, à m'imaginer
que l'ère d'une révolution n'était pas éloignée.
Quelles que pussent être les difficultés,
quelque certain que fût le danger de l'exécution, j'étais déterminée à prendre ma part
de ces difficultés et de ce danger: mais la
prudence, l'intérêt, la tendresse, tout con-
courait à me faire consentir pleinement à
l'absence de mon mari. Le prince ayant
acquiescé aux voeux de ses amis, il ne

s'agit plus que de trouver un prétexte plausible à son départ. Comme, à ce que j'appris, on n'avait pas encore envoyé signifier à tous nos ambassadeurs près les Cours étrangères l'avénement de Pierre III, je priai le Grand-Chancelier d'obtenir la nomination' du prince à une de ces missions. On fit immédiatement droit à ma demande, et le prince Daschkow ayant reçu l'ordre de se rendre à Constantinople, ne perdit pas de temps pour se mettre en route. Après son départ, chaque courrier m'apporta une lettre du prince qui, une fois hors de Pétersbourg, poursuivit son voyage à petites journées. Il s'arrêta un temps considérable à Moscou, d'où il accompagna sa mère à Troitskoe, son domaine sur le chemin de Kiow, et là il resta encore jusqu'au commencement de Juillet.

Cependant l'Empereur continuait de mener son même genre de vie, et il semblait se faire un point d'honneur de causer du dégoût à son peuple. Quand la paix fut signée avec le roi de Prusse, pour lequel l'admiration de l'Empereur se traduisait chaque jour par quelque acte de folie ou quelque imitation ridicule, les transports de Pierre III

5*

ne connurent pas de limites. Pour que rien
ne manquât à la célébration de ce glorieux
événement, l'Empereur donna un grand banquet où furent invités tous les nobles des
trois premières classes et les ambassadeurs
étrangers. L'Impératrice prit sa place accoutumée au milieu de la table, et l'Empereur
s'assit en face, à un coin, auprès du ministre
de Prusse.   Après le diner, il proposa trois
toasts qui seraient accomplis au bruit du
canon de la forteresse; le premier: „A la
santé de la famille impériale!" Le deuxième:
„A celle du roi de Prusse!" Et le troisième:
„Au maintien de l'heureuse paix qui vient
d'être conclue!" Quand l'Impératrice eut bu
à la santé de la famille impériale, Pierre III
ordonna à Goudovitch son adjudant-général
qui se tenait debout derrière son fauteuil,
d'aller demander à Sa Majesté pourquoi elle
ne s'était pas levée en portant ce toast.
L'Impératrice répondit que la famille impériale
se composant seulement de son époux, de
son fils et d'elle-même, elle ne comprenait
pas que Sa Majesté jugeât nécessaire qu'elle
se fût levée. Goudovitch, ayant rapporté
cette réponse, reçut l'ordre de retourner
auprès de l'Impératrice et de lui déclarer

qu'elle était une folle [2]);, car elle devait
bien savoir que ses deux oncles les princes
de Holstein appartenaient aussi à la famille
impériale. De peur que le messager n'affai-
blît l'expression, l'Empereur la lança tout
haut du bout de la table et de façon à
ce qu'elle fût entendue de la majeure partie
des convives. Sa Majesté, hors d'elle-même,
confondue par l'indignité de cette insulte,
fondit en larmes; mais bientôt, s'efforçant
de se maîtriser et de mettre fin à la confusion générale que cet incident avait occa-
sionnée, elle se tourna vers mon cousin le
comte Strogonoff, le chambellan de service
qui se tenait derrière son fauteuil et le
pria de lui dire quelque badinage afin de
distraire sa pensée de l'ennui présent. Le
comte, homme de beaucoup d'esprit, qui
mettait toujours le plus grand empressement
à accomplir les désirs de Sa Majesté, eut
soin d'étouffer sa propre émotion et se mit
à parler aussi gaîment que possible sur des
sujets de nature à la distraire et à écarter
son chagrin; n'ignorant pas cependant com-

---

[2] Le mot dura en russe est beaucoup plus fort
que celui que nous employons ici. (Note de l'Edit.)

bien il avait d'ennemis auprès de l'Empereur
et dans le nombre sa femme même qui ne
manquerait pas de représenter comme un
outrage les efforts auxquels il se livrait en
ce moment. Aussitôt que la fête fut terminée,
le comte reçut l'ordre de se retirer à sa
maison de campagne près Kamennoi Ostroff,
et de ne s'en point éloigner à moins d'une
autorisation toute spéciale.

Les incidents de cette journée jetèrent une
profonde sensation dans Pétersbourg; et
tandis que le peuple entourait l'Impératrice
de plus d'intérêt et d'affection, par un contraste qui ne pouvait manquer de se produire
autant elle s'élevait dans le respect de tous,
autant à proportion l'Empereur descendait
dans le mépris général.

Une salutaire leçon ressort de ces causes
unies à leurs effets et telles qu'elles ont
pesé sur la destinée malheureuse de ce
souverain. — On en peut conclure qu'il n'est
pas moins fatal au pouvoir des rois de bais-
ser dans l'opinion publique que d'exercer la
plus capricieuse tyrannie; d'où vient que j'ai
toujours considéré une monarchie tempérée
où le souverain est subordonné aux lois et
en quelque sorte comptable vis-à-vis du sen-

timent public, comme une des plus sages
institutions humaines.

Une fois, l'Empereur vint voir mon oncle
le Grand-Chancelier; il était accompagné des
deux princes de Holstein et de sa suite
accoutumée. Ce jour-là, jugeant que ma
présence n'était pas convenable, je me servis
très volontiers de cette excuse pour éviter
de partager un honneur qui, à dire vrai,
me semblait assez dénué de charme: d'autant
plus que l'Impératrice qui sortait rarement
si ce n'est pour prendre l'air, ne se mêlait
jamais à aucune de ces parties. Cependant
grande fut ma surprise le lendemain quand
j'entendis parler de la scène tragi-comique
qui avait eu lieu entre l'Empereur et l'un
de ces mêmes oncles, le prince Georges de
Holstein. Dans la chaleur d'une discussion
où chacun d'eux soutenait son opinion avec
acharnement, ils tirèrent leurs épées et ils
se mettaient en devoir de se transpercer
mutuellement quand le baron Korf, beau-
frère de ma tante, se jeta à genoux entre
les combattants et, pleurant comme une vieille
femme, protesta qu'avant de se porter des
coups ils devraient le frapper à mort. Grâce
à cette intervention opportune du baron que

les deux parties aimaient beaucoup et qui
était vraiment une digne créature, la rencontre n'eut pas d'autres suites qu'une vive
alarme et que le trouble de mon oncle malade qui vit ma tante, sous la première impression de terreur, se précipiter dans son
appartement en lui annonçant le début de
l'affaire. On me raconta depuis bien d'autres
scènes étranges qui eurent lieu entre l'oncle
et son neveu avant· que Sa Majesté partît,
pour aller inspecter à Cronstadt la flotte·
qu'on y armait dans une intention hostile
au Danemark. C'était chez l'Empereur un
projet qui depuis quelque temps occupait
tellement son cerveau, qu'il n'avait pas cédé
à toute l'éloquence et aux prières du roi
de Prusse lui-même.

Depuis l'époque du départ de mon mari
pour Constantinople, je n'avais épargné aucun
effort pour faire admettre, pour animer et
fortifier les principes et les sentiments qui
pouvaient servir la cause que j'avais embras-
sée. Parmi les personnes les plus avancées
dans ma confidence se trouvaient quelques
amis et frères d'armes du prince Daschkow,
Passik et Bredichin, tous deux capitaines
dans les Preobrajinsky, et le major Raslovlief

et son frère, capitaine dans les Ismaeloffsky-gardes. Je n'avais pas eu occasion de voir souvent les deux derniers jusqu'au mois d'avril, où je jugeai nécessaire de m'assurer de l'opinion de la troupe. Cependant afin d'écarter tout soupçon je continuai de mener le même genre de vie, de visiter de temps en temps mes parents et mes amis; à tous égards je paraissais si fort occupée des choses qui intéressent d'habitude mon âge et mon sexe, que nul n'eût pu voir, à moins d'être admis dans le fond même de ma pensée, que j'étais complétement livrée à des projets liés aux destinées d'un empire.

Aussitôt que mes idées sur le plan d'une conspiration bien organisée eurent pris une forme définie et consistante, je m'appliquai à gagner à nos desseins et à y faire entrer autant que possible quelques-unes des personnes dont la considération et l'influence dans l'Etat pouvaient au moins prêter une sanction à notre entreprise. De ce nombre était le maréchal Razoumoffsky, commandant des Ismaeloffsky; cet officier était très aimé dans son corps, et quoiqu'il fût parfaitement vu à la cour, il était un de ceux qui pouvaient le mieux juger l'incapacité gouverne-

mentale du souverain, et par conséquent les
périls de la situation. Il est vrai qu'il aimait
son pays autant qu'une apathie naturelle lui
permettait d'aimer quelque chose; mais floris-
sant de santé, couvert de tous les honneurs
qu'un prince peut accorder, plongé dans
l'indolence, et prompt à fuir toute entreprise
de ce genre dont l'issue est dangereuse ou
douteuse, comment pouvait-il être travaillé
dans le sens du projet en question? Tout
ardu qu'était le dessein, je n'était pas femme
à me laisser arrêter par des considérations
d'obstacles ordinaires.   Un jour que j'étais
allée comme d'habitude faire visite à l'ambassadeur d'Angleterre, j'entendis raconter que
les gardes avaient montré quelques dispositions à la révolte, et que la principale cause
de cette fermentation était le bruit de la
guerre contre le Danemark.   Je m'informai
auprès de M. Keith si les soldats avaient
été poussés par des officiers d'un grade élevé.
Il me dit qu'il ne le pensait pas; car il n'était
pas vraisemblable que des généraux et des
officiers supérieurs s'opposassent à une
guerre où ils auraient si aisément occasion
de se distinguer.   „Ces rumeurs indiscrètes,
ajouta-t-il, auront pour résultat quelques

condamnations militaires, quelques exils en Sibérie, et l'affaire en restera là."

Je profitai de la circonstance pour m'entendre avec les mêmes officiers du régiment de Razoumoffsky qui déjà étaient dans ma confidence: à savoir, les deux Rasloffleffs et M. Lassounsky, tous trois sur un pied d'intimité avec le maréchal, et surtout le dernier, qui passait pour exercer sur lui une influence considérable. Bien qu'ils ne pussent me flatter de l'espérance que j'obtiendrais sa coopération positive, je ne leur en recommandai pas moins d'avoir soin, dans leurs entretiens familiers avec le maréchal, d'insister sur les circonstances de la récente mutinerie et de glisser le pressentiment d'un changement probable; de parler d'abord en termes vagues et plus explicitement ensuite, d'après la mesure des progrès qu'ils auraient faits, de la conspiration ourdie; puis, quand la conspiration aurait pris de la consistance et que le moment d'agir approcherait, de rejeter graduellement toute feinte, de laisser voir ouvertement nos projets; car alors le maréchal serait entré trop avant dans notre secret pour pouvoir s'en faire le dénonciateur. Afin d'empêcher qu'il ne

se rétractât, il fallait lui mettre dans l'esprit,
fis-je observer, que devenir notre confident
c'était, de fait, devenir notre complice. Comme
la part du danger serait égale pour tous, il
ne serait pas moins de son intérêt que du
notre qu'au moment où on l'y inviterait il se
plaçât à la tête de son régiment. Tout fut fait
selon mon désir, et au dénouement le strata-
gème fut couronné du succès le plus complet.

Une autre personne qu'il était pour nous
de la plus haute importance de gagner,
c'était M. Panin, le gouverneur du Grand-
Duc. Il possédait en effet toute l'autorité,
toute l'influence qui ressortent habituellement
d'un poste aussi éminent. Durant le prin-
temps je le vis chez moi, où comme le reste
de mes parents il venait me faire visite aussi
souvent que le lui permettaient ses devoirs
à la cour. Dans ces occasions je me hasar-
dais à lui parler des probabilités comme des
conséquences d'une révolution qui pourrait
nous donner un meilleur souverain : et à cet
égard j'essayais, en quelque sorte incidemment, de lui faire émettre son opinion. Ce sujet
paraissait l'intéresser ; parfois même il accueil-
lait favorablement l'idée d'un changement qui
placerait sur le trône le jeune prince son élève

et établirait une forme de gouvernement
d'après les principes de la monarchie suédoise.

Il n'était pas à présumer qu'une jeune
conspiratrice pût tout d'un coup obtenir la
confiance d'un politique prudent et calcula-
teur comme M. Panin; mais malgré ma
jeunesse, malgré mon sexe, la considération
que me témoignaient d'autres personnes
m'éleva dans son estime. Le prince Repnin, son neveu favori, que j'avais rencontré
souvent chez la princesse Kourakin, me
connaissait bien et aimait à me représenter
à notre oncle commun comme un caractère
formé par les plus austères principes de
vertu, comme un esprit rempli d'enthousiasme,
embrasé de patriotisme et incapable de ressentir une pensée personnelle ou un désir
ambitieux pour sa famille.

L'impression favorable qui pouvait ressortir
d'une telle peinture fut certainement fortifiée
par un petit incident sans importance il est
vrai, mais suffisant pour montrer la sincérité
de mon apologiste qui dans un moment
d'alarme causé par une extravagance de
l'Empereur, me fournit une preuve de sa
confiance en venant chercher auprès de moi
conseil et assistance. A la fête dont j'ai

parlé plus haut et qui fut donnée à l'occasion de la signature de la paix avec la
Prusse, en succéda une autre qui eut lieu
au palais d'hiver où l'Empereur reçut sans
cérémonie et à sa manière ses confidents
particuliers, les généraux holsténois, l'ambassadeur de Prusse, quelques dames de la
cour, et parmi d'autres personnes de notre
bord M. Repnin. L'Empereur y donna libre
essor à sa jovialité par toute sorte d'excès
jusqu'à quatre heures du matin où il fut
porté et mis en voiture dans un état de
complète ivresse. Au sortir de cette scène,
le prince Repnin se fit conduire tout droit
chez moi. Tirée brusquement de mon sommeil par le bruit d'une personne qui frap-
pait vivement à la porte de mon cabinet
de toilette, j'éveillai aussitôt la bonne vieille
qui couchait près de mon lit. Après avoir
demandé, d'un ton de très mauvaise humeur,
qui troublait ainsi son repos, elle revint me
dire que mon cousin le prince Repnin insis-
tait pour me voir. Je fis sauter mes cou-
vertures et courus savoir ce qui pouvait l'amener à pareille heure. Il semblait extrêmement ému et sans autre préliminaire s'écria,
avec l'accent de l'abattement le plus pro-

fond: „Tout est perdu, ma chère cousine;
notre cause est perdue; votre soeur la comtesse Elizabeth a reçu l'ordre de Ste Catherine,
et je suis menacé d'être envoyé auprès du
roi de Prusse comme ministre adjudant, ou
plutôt ministre valet de chambre!" Frappée
d'une circonstance qui était en quelque sorte
un prélude à la chute de l'Impératrice, —
car jusque alors l'ordre de Ste Catherine
n'avait été conféré qu'à des princesses du
sang, — je répondis après un moment de
réflexion, qu'il ne fallait pas examiner de
trop près ni envisager trop sérieusement
les actes et les desseins d'une tête comme
celle de Pierre III. En conséquence, j'invitai mon cousin à retourner chez lui et à y
prendre quelque repos, mais à faire connaître le plus tôt possible à son oncle M. Panin
les événements de la soirée.

Dès qu'il se fut éloigné, je me mis à
réfléchir sérieusement sur les divers plans
qui tour à tour avaient été conçus et reje-
tés par les conspirateurs. La plupart me
semblirent autant de visions impraticables,
autant de machinations sans principe arrêté,
sans consistance comme moyens d'exécution.
Il n'y avait d'entente formelle que sur un

seul point: c'est que le départ de l'Empereur. avec son armée pour le Danemark
pourrait être le signal du mouvement.

Il restait beaucoup à faire avant que le
moment favorable se présentât; et l'époque
en vue n'était pas éloignée. Je résolus donc
de rejeter toute réserve, à la première entrevue que j'aurais avec M. Panin, et de lui
avouer franchement et pleinement la nature
et la portée de notre conspiration. Quand
l'occasion s'en offrit, je parlai de moi-même
du grave projet qu'on avait formé de tenter
une révolution. Il écouta attentivement, et
dans sa réponse insista beaucoup sur les
formes qu'il faudrait donner à un tel événement, ainsi que sur la coopération du Sénat.
Je ne niai pas que la sanction de ce corps
n'eût ses avantages; mais, demandai-je, ne
courrait-on pas de grands risques à essayer
d'obtenir son concours? Il exigea et je
tombai d'accord avec lui sur ce point, que
l'Impératrice ne fût pas représentée comme
ayant des droits au trône, mais qu'on se
bornât à lui conférer la régence jusqu'à la
majorité de son fils; mais je combattis ses
scrupules sur les suites éloignées que pourrait entraîner une révolution. „Agissons

d'abord, lui répondis-je, et pas une personne
sur cent n'assignera à cet événement d'autre
cause que les abus écrasants dont le redres-
sement n'était possible que par un changement dans le pouvoir." Alors je lui soumis
les principaux noms de la liste de mes
associés: les deux Rasloffleffs, Lassounsky,
Passik, Bredichin, Baskakoff, Hetroff, le
prince Bariatinsky et les Orloffs. Il témoigna beaucoup de surprise et d'effroi en
trouvant combien je m'étais compromise, et
cela sans m'être entendue, concertée d'avance
avec l'Impératrice. Je justifiai ma réserve
à cet égard comme un acte de prudence
vis-à-vis de Sa Majesté à qui nous ne pouvions communiquer nos projets, dont l'issue
était encore si douteuse, le succès si improbable, sans lui causer une perplexité et
peut-être même l'exposer à un danger inutile.

D'après tout ce que dit mon oncle dans
le cours de cet entretien, je compris qu'il
ne manquait ni de courage ni de dispositions
pour se joindre à nous, mais que son incertitude portait sur la conduite que nous de-
vrions tenir. Avant de nous séparer et
comme il ne fallait pas prolonger la conversation par des discussions superflues, je

lui recommandai de nous gagner Teploff
qui venait précisément de sortir d'une forteresse où il avait été jeté par l'ordre de
Pierre III. Son éloquence, son style populaire pourraient le rendre utile dans les
premiers moments d'une révolution; mais
ce qui donnait le plus d'importance à l'appui
qu'on lui demanderait, c'était l'ascendant
qu'il exerçait sur l'esprit de Razoumoffsky.
En résumé, j'engageai M. Panin à ne pas
proposer de lui-même de proclamer le Grand-
Duc, mais à me laisser le soin de cette
proposition; car émanant d'un gouverneur
cher à son élève, elle pourrait faire prendre
le change sur les motifs qui l'auraient dictée,
tandis qu'elle ne donnerait aucun sujet de
méfiance ou de soupçon en venant d'une
personne connue pour être la meilleure amie
de l'Impératrice. Je me proposais donc d'agir
ainsi par la suite; mais heureusement mon
dessein fut prévenu par cette bénigne Providence qui veillait sur les destinées de l'Empire.

Parmi les étrangers qui étaient venus
chercher fortune à Pétersbourg se trouvait
un Piémontais nommé Oddart qui, par la
protection de mon oncle avait obtenu la
position d'avocat dans le collége du Com-

merce. C'était un homme d'âge moyen, maladif, d'un esprit subtil et agissant, bien informé, fin et intrigant. Mais comme il ne connaissait ni la langue ni les productions ni les ressources intérieures de la Russie, il se jugeait peu propre à l'emploi qu'il remplissait et désirait en obtenir un autre au service de l'Impératrice. Il avait donc sollicité ma médiation. Je le recommandai à Sa Majesté en qualité de secrétaire; mais comme l'Impératrice bornait sa correspondance à ses parents, elle ne paraissait pas avoir besoin de mon protégé; d'autant plus, que par de justes motifs de prudence, elle était éloignée de prendre à ce titre aucun étranger auprès d'elle. Cependant j'obtins pour cet homme une position chez l'Impératrice, celle de surintendant d'un petit domaine que Pierre III avait affecté aux frais de sa toilette, ou plutôt celle d'inventeur des moyens par lesquels on pourrait tirer parti de ce bien.

Ce qui m'amène à parler de cet étranger, c'est qu'entre autres faussetés répandues sur la révolution il a été dit qu'il avait été mon principal agent et conseiller. On verra dans une des lettres de l'Impératrice que je le lui fis connaître, et il est également

6*

vrai que je le recommandai, dans l'intérêt
de sa santé, pour accompagner le comte
Strogonoff quand ce dernier reçut de l'Empereur l'ordre d'aller habiter sa campagne:
mais bien loin que M. Oddart fût dans ma
confidence, je le vis rarement, et même je
ne le vis pas une seule fois durant les trois
semaines qui précédèrent la révolution. J'é-
tais satisfaite de lui procurer des moyens
d'existence; mais jamais en aucune occasion
je ne lui demandai son avis; et je pense
qu'il me connaissait trop bien pour oser me
faire, de la part de M. Panin, les propositions que certains écrivains français ont, dans
leurs pamphlets calomnieux et absurdes, jugé
à propos de mettre sur son compte.

Mais sortons de cette digression. L'archevêque de Novogorod, prélat distingué par
son savoir, estimé de toutes les classes du
peuple et chéri du clergé, n'avait pas besoin
qu'on lui apprît combien peu l'Eglise avait
à espérer d'un souverain tel que Pierre III.
Ses propres appréhensions à cet égard, depuis longtemps éveillées et qu'il ne prenait
pas la peine de cacher, l'avaient rendu sinon
complice (car sa haute dignité ne le lui eût
pas permis), du moins partisan avoué de

nos desseins. Ce n'était pas pour nous une
mince conquête : car indépendamment de ses
autres titres au respect et à l'autorité, il
possédait une puissance d'éloquence chaleu-
reuse et persuasive qui enchaînait l'attention
et subjuguait le coeur de tous ses auditeurs.

J'eus la satisfaction d'apprendre par le
prince Wolchonsky, oncle de mon mari, à
son retour de l'armée, qu'un esprit de mécontentement général s'était manifesté parmi les
soldats qui jugeaient contraire à toute loi
naturelle d'avoir à tourner leurs armes contre
leur ancienne alliée Marie-Thérèse, en faveur
du roi de Prusse dont ils avaient eu si longtemps à combattre les troupes. Je com-
muniquai ce renseignement à M. Panin ainsi
que les dispositions du prince, favorables
au moins en apparence. Et depuis il devint
évident pour moi que le prince était parfaitement prêt alors à nous aider de son concours.

Chaque jour notre parti voyait grossir
ses rangs; mais notre plan ne progressait
pas dans la même proportion. Durant cet
intervalle, je passais la moitié de mon temps
dans la solitude de ma campagne près Pétersbourg; et tandis que je me retirais ainsi de
la société de tous mes amis sous le prétexte

d'avoir à surveiller quelques arrangements
dans cette habitation, je cherchais à mettre
mes idées en ordre et à combiner quelque
plan bien pratique et bien solide qui fût en
harmonie avec la nature et le but de notre
complot.

La campagne dont je viens de parler est
située à quelques verstes de la ville, près
Krasnoi Kabac; elle faisait partie d'immenses
terrains marécageux couverts autrefois d'é-
paisses forêts de bouleaux que Pierre III
avait eu l'idée de diviser par lots entre
plusieurs membres de la noblesse. Grâce
au drainage et à une culture bien entendue,
une grande partie de cette étendue impro-
ductive fut convertie par ses riches proprié-
taires en de belles et fertiles plaines. Le
lot qui se trouvait en ma possession avait
été accordé d'abord aux généraux holsténois;
mais ceux-ci n'ayant pas assez de courage
pour tenter d'amender ce terrain, le ren-
dirent, à la requête de l'Empereur, et le
laissèrent à la disposition du gouvernement
pour quiconque voudrait se déterminer à
l'accepter. Entre autres, le dit terrain me
fut offert; mais comme mes ressources pécuniaires étaient bornées même pour les frais

les plus ordinaires, et comme j'étais déterminée à éviter toute dépense qui aurait pu
peser sur mon mari, je n'éprouvai pas moins
d'alarme à l'idée de devenir propriétaire de
ce terrain que n'en avaient ressenti les
généraux holsténois. Cependant mon père
qui m'avait attiré cette offre, désirant beaucoup que je l'acceptasse me proposa de
me faire bâtir en ce lieu une maison; et
cette promesse dissipa en partie les scrupules qui m'avaient fait hésiter.

Il arriva que vers cette époque se trouvaient à Pétersbourg une centaine de paysans appartenant à mon mari, auxquels il
était permis d'employer une certaine partie
de l'année pour leur propre compte. Ces
bons paysans, remplis de reconnaissance et
d'attachement envers un maître aussi libéral
qu'indulgent, offrirent de travailler quatre
jours dans la nouvelle propriété, et ensuite
de venir chacun à son tour et à chaque
fête continuer leur oeuvre. Grâce au soin
qu'ils prirent de creuser de petits canaux,
le terrain exhaussé fut bientôt prêt pour
recevoir une maison avec ses dépendances.
Mais malgré l'intérêt que je commençais à
éprouver pour le premier morceau de terre

que j'eusse pu jamais appeler ma propriété,
je ne voulus pas donner un nom à ce domaine jusqu'à ce que je pusse le consacrer
par le vocable du saint sous les heureux
auspices duquel notre entreprise politique
serait couronnée de succès.

Dans une de mes visites à cette campagne,
mon cousin le comte Strogonoff m'accompagnait à cheval. Désireuse de m'assurer de
quelques changements, j'assayai de marcher
à travers ce que je croyais être une verdo-
yante prairie; mais par malheur je tombai
jusqu'aux genoux dans une fondrière. Un
refroidissement et une forte fièvre furent la
conséquence de cet accident. Pendant ce
temps je reçus une lettre très amicale de
l'Impératrice qui d'une manière tout-à-fait
plaisante fit retomber le blâme de cet accident sur la négligence de mon beau cavalier
— le singe, comme elle avait l'habitude de
l'appeler; nom auquel il avait autant de
droits qu'en peut conférer la laideur unie
à une excessive malice. Je voulus répondre
à cette lettre, au plus fort de ma fièvre,
et je parlai, j'imagine, de mes espérances
révolutionnaires et de mes projets, mais
dans un style si incohérant, si inintelligible,

avec un tel mélange de vers et de prose,
de français et de russe, que l'Impératrice
dans un des petits billets qu'elle m'écrivit
plus tard, après mon rétablissement, faisant
allusion à une chose que j'avais dite, me
pria de lui apprendre pendant combien de
temps j'avais été douée de l'esprit de pro-
phétie. Pour les expressions de tendre et
ardente amitié que ma lettre contenait, elle
pouvait en comprendre et sentir l'importance ;
mais quant au jour où je donnerais un nom
à ma propriété, elle avoua qu'il lui avait
été impossible de saisir ma pensée. Vers
cette époque, Sa Majesté m'écrivit souvent :
elle semblait beaucoup plus tranquille, et
moins émue des événements que ne l'étaient
la plupart de ses amis dont les voeux en
faveur d'un heureux et prochain changement
étaient infiniment plus ardents que les siens.

Vers ce même temps il se produisit un
fait qui en démontrant quelle était la capa-
cité du jugement de l'Empereur, attira sur ce
souverain plus de mépris encore que ne
lui en avaient valu jusque là ses extrava-
gances.

Sous le précédent règne, la nation Serbe,
en grande partie du culte grec, aussi bien

que bon nombre de ses coréligionnaires qui
avaient cherché un refuge en Hongrie et
dans d'autres contrées soumises à la domi-
nation de l'Autriche, envoya une députation
à la cour d'Elizabeth. Ces malheureux
imploraient sa protection et sollicitaient la
concession d'un territoire dans son empire
afin d'échapper à la persécution du clergé
catholique romain, tout-puissant sous Marie-
Thérèse. Sa Majesté, quelles que fussent
ses bonnes dispositions envers l'Empire germanique, trouvait dans la force bien autrement grande de ses sentiments religieux un
motif pressant d'accéder à cette prière ;
ayant donc bien accueilli les députés, elle
leur accorda quelques excellentes portions
de territoire dans les provinces du sud de
la Russie. Il leur fut alloué de l'argent
pour les aider dans les frais de leur émi-
gration et les mettre à même de former
entre eux quelques régiments de hussards.
Il advint qu'un de ces envoyés, nommé
Horwat, homme artificieux et intrigant, s'étant
insinué dans la confiance des nobles sous
la surveillance desquels étaient placées les
affaires de la colonie nouvelle, s'empara de
l'argent consacré à ce service, et, bien loin

de l'appliquer aux besoins de quelques milliers de colons qui s'étaient rendus au lieu de leur destination, le confisqua, et se mit à traiter ses infortunés compatriotes comme autant d'esclaves qu'il était appelé à gouverner.

Ces pauvres opprimés portèrent leurs plaintes devant l'Impératrice qui envoya le prince Mechtchersky pour y faire droit; mais par suite de la maladie et de la mort d'Elizabeth, jointes à d'autres obstacles, l'affaire qui finalement avait été soumise au Sénat demeura sans solution. Aussitôt qu'il eut eu connaissance dud écès de l'Impératrice, Horwat se rendit en toute hâte à Pétersbourg : là, il fit cadeau de deux mille ducats à chacun des gentilshommes, de l'entourage de l'Empereur, qu'il supposait le plus en faveur et le mieux disposés à influencer pour lui Sa Majesté. Il comprit dans sa liste Léon Narishkin, sans autre raison que la grande réputation dont il jouissait comme bouffon; le général Milgounoff et le procureur-général Gleboff. Ces deux derniers parlèrent effrontément à l'Empereur du présent qu'ils avaient reçu, et il leur témoigna sa haute satisfaction pour la franchise de leur

aveu. „Vous êtes de nobles coeurs, dit-il,
et si vous me donnez part au gâteau, je
me transporterai moi-même au Sénat et ren-
drai une décision favorable à Horwat." Sa
Majesté tint parole; et par cette décision
elle sanctionna un acte qui priva la Russie
de cent mille habitants, lesquels n'attendaient
pour suivre la fortune de leurs compatriotes
que la certitude de cette protection promise
autrefois. Narishkin, pour son malheur,
n'avait pas volontairement confessé le cadeau
qu'il avait reçu; à cette nouvelle, l'Empereur
lui ordonna de rendre la somme que Sa
Majesté eut soin de s'approprier pour le
punir d'un si méprisable manque de confiance; et, les jours suivants, elle n'eut pas
de plus grand plaisir que de demander, par
manière de plaisanterie, ce que Narishkin
avait fait des deux mille ducats à lui donnés
en cadeau par Horwat. Un pareil marché,
qui chez un simple particulier semblerait
une infamie, fit descendre le souverain à
un niveau plus bas que le bouffon, et attira
sur les deux parties le mépris et le ridicule
dont les couvrirent toutes les classes de la
société.

Tout-à-fait à la même époque, une farce

à peine croyable et dans laquelle l'Empereur
remplit le principal rôle, fut jouée en présence de tout le régiment des Ismaeloffsky
de la garde. Le maréchal Razoumoffsky
fut appelé un jour à faire manoeuvrer son
régiment devant l'Empereur, en vertu d'un
ordre général qui invitait chaque commandant à faire ainsi preuve de son habileté.
Après la revue, pendant laquelle le maréchal, bien qu'il ne possédât pas de grands
talents militaires, s'était acquitté de sa tâche
à la satisfaction de l'Empereur, celui-ci se
retirait avec sa suite pour aller dîner, et
son humeur était aussi bonne que possible,
quand il vit son nègre favori (appelé, je crois,
Narcisse) se battant à quelque distance et
travaillant furieusement des poings et des
pieds. D'abord, l'Empereur fut charmé de
ce spectacle; mais quand il s'aperçut que
l'antagoniste du nègre était le boueur du
régiment, il changea tout-à-coup de contenance et s'écria d'un accent de consternation: „Narcisse est à jamais perdu pour
nous;“ Le sens de ces paroles étant inintelligible, le maréchal Razoumoffsky lui demanda quelle était la cause de son affliction
„Eh! quoi, dit l'Empereur, ne sentez-vous

pas, vous militaire, qu'il est impossible que
j'aie désormais cet homme auprès de moi
quand il a eu le malheur et la honte d'être
en contact avec un boueur?" Le maréchal,
feignant d'entrer dans les idées de l'Empereur, proposa, en donnant à sa physionomie le plus de solennité qu'il put, de laver
l'honneur de Narcisse en couvrant le nègre
des drapeaux du régiment.

Cette proposition qui semblait devoir rendre la vie à son favori, fut accueillie par
l'Empereur avec le plus vif plaisir. Après
avoir embrassé Razoumoffsky, il fit appeler
Narcisse. „Ne sais-tu pas, dit-il au nègre,
que tu es couvert d'infamie, que tu es à
jamais perdu pour nous, par suite du malheur que tu as eu d'être touché par un
boueur?" Le pauvre diable, encore écumant
de rage et ne comprenant pas un mot de ce
langage, commença à justifier sa conduite
et à protester qu'il avait dû, écoutant son
courage, punir le coquin qui l'avait attaqué.
Mais quand, sur l'ordre de l'Empereur, on
se mit en devoir de le faire passer par trois
fois sous les drapeaux du régiment, Narcisse résista si énergiquement à cette opé-
ration qu'il fallut que quatre hommes le

tinssent jusqu'à ce que l'oeuvre de purification fût accomplie.

Ce n'était pas tout; car l'Empereur, voulant en outre que quelques gouttes du sang du nègre servissent à laver la tache de son honneur, ne fut pas content que la pointe d'un drapeau n'eût été appliquée à la tête de Narcisse. Les lamentations du pauvre nègre et ses plaintes contre son maître, aussi bien que l'incroyable absurdité de toute cette scène, mirent les officiers à la torture, obligés qu'ils étaient de contenir un fou rire, dont l'accès devenait irrésistible à la vue de la gravité extraordinaire de l'Empereur qui semblait considérer l'oeuvre en perpétration comme indispensable à la réparation de l'honneur de son favori non moins qu'au lustre de sa propre gloire impériale.

Mon père n'était pas en faveur à cette cour; et bien que l'Empereur eût donné quelques marques de respect à mon oncle le Grand-Chancelier, il ne se laissait pas le moins du monde influencer par ses avis politiques. Se comporter chaque matin, à la parade, en caporal-major; faire un bon dîner; boire du vin de Bourgogne; passer

les soirées avec des bouffons et en compagnie d'un certain cercle de dames ; exécuter tous les ordres que lui donnait le roi
de Prusse, voilà quel était le bonheur, quelle
était la gloire de Pierre III ; voilà l'abrégé
du genre de vie qu'il mena durant les sept
mois qui constituèrent son règne. La grande
entreprise qu'il avait en vue était de reprendre au roi de Danemark un bout de
terrain qu'il croyait être sien ; et à cet
égard son impatience était telle, qu'il s'était
promis de ne pas s'arrêter dans l'entreprise
jusqu'à ce qu'il l'eût menée à bonne fin.

CHAPITRE V.

La cour quitte Péterhoff. — Mécontentement de la
garde. — Calme effrayant. — Le mémorable 27 Juin.
— Arrestation d'un conspirateur. — Ses résultats
inattendus. — Accident plus utile que les plans
pour faire réussir une conjuration. — Vivacité d'action de la princesse Daschkoff. — Accélération de
la catastrophe. — Visite du jeune Orloff à la princesse. — Heureuse prévoyance de la princesse qui
avait fait préparer une voiture et qui presse l'Impératrice de se montrer immédiatement dans la capitale. — Succès de l'entreprise. — L'Impératrice
Catherine proclamée chef de l'empire. — La princesse se rend au palais. — Leur entrevue. — L'Impératrice raconte sa fuite de Péterhoff. — L'Impératrice et la princesse en uniforme militaire. — Une
femme sénateur. — Soins prudents de la princesse.—
Revue des troupes. — Retour de l'Impératrice à
Péterhoff.

Le départ de la cour pour Péterhoff et
Oranienbaum, qui eut lieu vers le commencement de l'été, me rendit autant de loisir que
j'en pouvais désirer; et comme par là je me
trouvais délivrée des soirées de l'Empereur,
je ne fus pas fâchée de rester en ville. Vers
cette époque, un grand nombre d'entre les
gardes craignant d'être tout à coup embar-
qués pour le Danemark, laissèrent paraître
des symptômes manifestes de chagrin et
d'effervescence; ils commençaient à faire
circuler le bruit que la vie de l'Impératrice

était en danger, afin de presser le moment
où leurs services pourraient être requis à
Pétersbourg. En conséquence, j'autorisai
quelques-uns des officiers qui étaient dans
notre confidence, à apprendre à ces soldats
qu'ils surveillaient de près et avaient peine
à contenir, que j'étais en relations journa-
lières avec l'Impératrice, et que je m'enga-
geais à les avertir de l'instant favorable pour
agir, à quelque temps qu'il arrivât.

A tous autres égards, les choses restèrent
dans un calme sinistre jusqu'au 27 Juin,
jour à jamais mémorable dans les annales
de ma patrie, — jour durant lequel la lutte
de l'espérance et de la crainte, de l'angoisse
et du transport fit palpiter le coeur de chaque
conspirateur. Quand je réfléchis aux événements de cette importante journée, à la
révolution glorieuse qu'accomplirent sans un
plan déterminé et avec des moyens si peu
proportionnés à un tel résultat, des personnes
dont les projets et les opinions relativement
au but étaient aussi opposés et discordants
que l'étaient leurs caractères mêmes; car
la plupart d'entre eux se connaissaient à
peine les uns les autres, et l'on ne pouvait
guère songer à les classer ensemble, puis-

qu'ils n'avaient rien de commun qu'une idée
dominante qui fut couronnée par l'événement
de ce jour d'un plus ample succès qu'on
n'en peut espérer d'ordinaire des plans les
plus sages et le mieux concertés; quand
je réfléchis à tout cela, il m'est impossible
de ne pas reconnaître la main de la divine
Providence qui guida et fit réussir une entreprise d'ailleurs si vague et si défectueuse.
Si les chefs de complots voulaient bien
avouer tout simplement combien ils doivent
à la chance et à l'opportunité pour le succès
de leurs projets, ils rabattraient beaucoup
de leurs hautes prétentions sur la portée
de leur mérite. Pour moi, j'avoue humblement que tout en ayant été la première à
envisager en face l'issue probable de notre
conspiration, c'est-à-dire la chute d'un souverain incapable de régner, cependant ni
mes lectures historiques ni l'ardente imagination de mes dix-huit ans ne pouvaient
m'offrir l'image de ces événements telle que
la réalité la déroula en quelques heures
sous nos yeux.

Dans l'après-midi du 27 Juin, Grégoire
Orloff vint m'annoncer l'arrestation du capitaine Passik. Ce dernier, ainsi que Bredichin,

était venu la veille au soir m'avertir du
danger que nous faisait courir l'extrême
impatience des soldats et particulièrement
des grenadiers qui, accordant pleine créance
aux bruits en circulation relativement à
l'Impératrice, parlaient ouvertement contre
Pierre III et demandaient à grands cris à
marcher contre les troupes holsténoises à
Oranienbaum. Afin de calmer les appréhensions de ces deux gentilshommes qui paraissaient au comble de l'alarme, aussi bien que
pour leur montrer combien peu je m'effrayais
du péril qui se dressait devant nous, je les
invitai à donner de nouveau à leurs soldats
et comme venant de moi, l'assurance que
j'avais tous les jours des nouvelles de l'Impératrice; qu'elle était en parfaite sûreté
et vivait à Péterhoff sans aucune espèce de
contrainte; qu'il était absolument nécessaire
que la troupe se tînt tranquille et soumise
aux ordres; qu'autrement, l'instant favorable
pour agir n'arriverait jamais. Passik et
Bredichin ne perdirent pas un moment pour
transmettre ces injonctions à leurs soldats;
mais dans la confusion et le tumulte qui
régnaient, notre secret vint à la connaissance
de Voïcikoff, major dans les gardes Préobra-

ginsky; ce qui fut la cause de l'arrestation immédiate de Passik; cet incident en apparence de mauvais augure et en réalité du plus heureux, précipita la découverte mais aussi la réussite de notre complot.

Lorsque Orloff vint m'apporter la nouvelle de cette arrestation dont il ne connaissait pas plus le motif que les détails, M. Panin était avec moi: soit par suite de son flegme naturel et de son caractère enclin à la temporisation, soit parce qu'il voulait me cacher le péril qu'il entrevoyait, il sembla attacher à cet événement bien moins de sérieux et d'importance que moi et il en parla avec un grand sang-froid, ce n'était probablement, dit-il, que la conséquence de quelque infraction dans le service. Au contraire, je le considérai comme le signal des mesures décisives, et bien que je ne pusse faire partager cette idée à M. Panin, je priai Orloff de se rendre immédiatement aux barraques du régiment et là de prendre des renseignements sur l'arrestation de Passik, afin de savoir s'il était détenu comme criminel d'Etat, ou simplement arrêté pour un manquement à la discipline militaire. Dans le premier cas, Orloff devait revenir chez moi avec tous

les détails qu'il aurait pu se procurer, et
dépêcher son frère à M. Panin avec une
semblable commission.

Dès que Orloff fut parti, je renvoyai mon
oncle Panin, sous prétexte que j'avais besoin
de repos. Mais à peine se fut-il éloigné, que
je me couvris d'un large vêtement d'homme;
sous ce déguisement, je me rendis à pied
à la maison de Rasloffleff.

Je n'avais pas fait encore beaucoup de
chemin quand j'aperçus un homme à cheval,
courant au grand galop et qui semblait se
diriger vers moi. Je ne sais comment je
me figurai que c'était l'un des Orloffs, n'ayant
jamais connu aucun d'eux sauf Grégoire;
mais j'étais tellement persuadée qu'il en
devait être ainsi, que j'eus le courage de
comprimer l'impétuosité de sa course en
l'appelant de ce nom. Le cavalier s'arrêta
court et ayant appris quelle était la personne qui s'était adressée à lui: „Je venais
vous informer, princesse, dit-il, que Passik
est arrêté comme prisonnier d'Etat; qu'il
est gardé par quatre sentinelles à sa porte
et deux à chaque croisée de la chambre.
Mon frère est allé communiquer cette nouvelle à M. Panin, et je viens de l'annoncer

à Rasloffleff.“ — „Et ce dernier, dis-je, est-il
très alarmé de la nouvelle?“ — „Passablement, répondit-il; mais pourquoi, Madame,
restez-vous dans la rue? Souffrez que je
vous reconduise chez vous.“ — „Ici, répliquai-
je, nous sommes moins observés que nous
ne le serions dans ma maison, exposés à
la curiosité des domestiques. Mais actuelle-
ment, il suffit de quelques mots. Allez dire
à Rasloffleff, à Lassounsky, à Tchertkoff et
à Bredichin de courir sans perdre une minute
à leur régiment des gardes Ismaeloffsky et
de rester à leur poste pour recevoir l'Impératrice aux faubourgs de la ville. Puis vous,
Monsieur, ou bien l'un de vos frères, filez
comme l'éclair jusqu'à Péterhoff et priez de
ma part l'Impératrice de se monter immédiatement dans une chaise de poste qu'elle
trouvera toute prête et de se faire conduire
au quartier des Ismaeloffsky lesquels at-
tendent le moment pour la proclamer leur
souveraine et l'escorter dans sa capitale.
Dites-lui que l'expédition est d'une telle
importance, que je n'ai pas voulu retarder
ce message, fût-ce de quelques moments,
pour revenir l'écrire chez moi; mais que,
en pleine rue, je vous ai conjuré de courir

et de hâter son arrivée par un avis donné
de vive voix. J'irai peut-être, ajoutai-je,
au-devant d'elle."

Quant à la chaise de poste dont j'ai parlé,
je dois dire ici que, la veille au soir, après
la visite de Passik et de Bredichin, jugeant
probable, sur le récit qu'ils m'avaient fait
de l'impatience des soldats, que ceux-ci
n'attendraient pas qu'on leur donnât l'ordre
d'agir, j'avais écrit à Mme Schkourin, femme
du valet de chambre de l'Impératrice, la
priant d'envoyer à son mari, à Péterhoff,
sa voiture attelée de quatre chevaux de
poste. Je lui marquais mon désir que cette
voiture pût être mise à la disposition de
l'Impératrice, dans le cas où la présence de
Sa Majesté à Pétersbourg serait tout-à-coup
nécessaire. Je savais en effet combien il
serait difficile, sinon impossible, dans une
telle occurrence, de se procurer une des
voitures de la cour sans que le fait parvînt
à la connaissance de M. Ismaeloff, grand-
maître de la maison Impériale, l'un de ceux
peut-être qui se prêteraient le moins à la
fuite de Sa Majesté. M. Panin, qui continuait de considérer la catastrophe d'une
révolution comme aussi éloignée qu'incer-

taine, s'amusa beaucoup de cet acte de prévoyance, où il ne vit qu'une mesure de
précaution un peu trop précipitée. Quoi
qu'il en soit, si cette précaution eût été négligée, Dieu seul sait si jamais nos espérances se fussent réalisées.

Après avoir renvoyé Orloff, je retournai
chez moi, dans une agitation de coeur et
d'esprit qui ne me disposait guère à prendre
du repos. J'avais commandé pour le soir
un costume d'homme à ma taille; mais le
tailleur ne l'avait pas envoyé encore. Ce
fut pour moi un grand désappointement
comme si, faute d'un costume d'homme, mes
plans devaient échouer et mes mouvements
être gênés. Afin de me soustraire aux
soupçons ou à la curiosité de mes gens, je
me mis au lit. Une heure après, je tressaillis au bruit d'un coup retentissant appliqué à la porte de la rue. M'élançant de
mon lit et passant dans la pièce contiguë,
j'ordonnai qu'on fît entrer, quelle que fût
la personne qui me demandait. Un étranger
parut et s'annonça lui-même comme le plus
jeune des Orloffs. Il venait, dit-il, me demander s'il n'était pas trop tôt pour envoyer
un message à l'Impératrice à qui l'on cau-

serait une alarme inutile par un appel pré-
maturé à Pétersbourg.

Je ne pus en entendre davantage. Mon
indignation ne connut pas de bornes, et je
n'essayai pas de modérer la rage que j'éprouvais contre tous ces frères pour s'être permis (comme je le dis dans un langage peu
gracieux) d'hésiter sur l'accomplissement des
ordres que j'avais donnés à Alexis Orloff.
„Vous avez déjà, lui dis-je, perdu le temps
le plus précieux. Et quant à votre crainte
d'alarmer l'Impératrice, laissez Sa Majesté
venir évanouie à Pétersbourg plutôt que de
l'exposer au risque de passer sa vie en
prison ou de partager l'échafaud avec nous.
En conséquence, dites à votre frère de courir en toute hâte à Péterhoff et d'amener
en ville l'Impératrice sans perdre un moment,
de peur que Pierre III n'ait le temps et la
chance de recevoir quelque avis et, en la
devançant, de prévenir l'événement que le
Ciel même produit pour sauver notre pays
aussi bien que l'Impératrice."

Il parut frappé de la vivacité de mon
langage, et me quitta en me donnant l'assurance que son frère allait exécuter immédiatement mes ordres.

Lui parti, je tombai dans les plus sombres réflexions. Livrée à ces pensées accablantes, à peine se présentait-il à mon esprit une image qui ne fût de la nature la plus terrible. J'eusse voulu sortir et aller au-devant de l'Impératrice: mais le manque d'habits d'homme dont j'ai déjà parlé était comme un mauvais sort qui me condamnait à la solitude et à l'inaction dans ma chambre. Cependant mon imagination, toujours en travail, anticipait par moments le triomphe de l'Impératrice et tout le bonheur qui devait en résulter pour ma patrie; mais bientôt à ces douces illusions succédaient d'autres visions qui me faisaient frissonner d'horreur. Au moindre bruit, je tressaillais; Catherine — cette idole de mon coeur — m'apparaissait pâle, défigurée, mourante . . . C'était notre imprudence peut-être qui l'avait perdue!

Cette terrible nuit qui me sembla avoir la durée de toute une vie de souffrance, s'écoula enfin: mais comment décrire le transport avec lequel je saluai cette heureuse matinée où m'arriva la nouvelle que l'Impératrice était entrée dans la capitale et avait été proclamée chef de l'Empire par les Ismaeloffsky, qui l'accompagnaient

en ce moment à l'église de Kazan, suivis du reste
de la troupe et des citoyens également pres-
sés de lui prêter le serment de fidélité!

Il était six heures. J'ordonnai à ma femme
de chambre de m'apporter des vêtements de
gala, et je me hâtai de sortir pour me rendre au Palais d'hiver où je pensais que Sa
Majesté devait avoir fixé sa résidence. Il
serait difficile de dire combien j'eus de peine
à en approcher. Le palais était tellement
entouré; chacun des abords était si bien
bloqué par les soldats qui étaient accourus
de toutes les parties de la ville et s'étaient
joints à la garde, que je fus obligée de
descendre de ma voiture, et de tâcher de
faire le reste du chemin à pied en perçant
la foule. Mais je n'eus pas été plus tôt
reconnue par quelques officiers et soldats,
que je me trouvai enlevée du sol et rapidement portée par dessus la tête de tous ceux
qui étaient devant moi; ce n'était qu'une ac-
clamation; tous me saluaient comme leur amie
commune, tous me donnaient mille bénédictions. Enfin j'arrivai saine et sauve dans
une antichambre, avec le vertige dans la
tête, une manchette déchirée, ma robe en
lambeaux, toute ma toilette dans le plus

grand désordre: je fis donc une entrée
triomphante en me précipitant à la rencontre
de Sa Majesté. Bientôt nous fûmes dans
les bras l'une de l'autre. „Dieu soit loué!‟
tels furent les seuls mots que nous pûmes
proférer dans le premier moment.

Alors elle me raconta sa fuite de Péterhoff; les appréhensions, les espérances qu'elle
avait tour à tour éprouvées avant la crise.
Je l'écoutais avec des battements de coeur,
et je lui parlai ensuite des heures d'anxiété
que je venais de passer, anxiété d'autant
plus cruelle que je me sentais hors d'état,
ainsi que je l'ai expliqué plus haut, d'aller
à sa rencontre et de suivre par mes propres
yeux les phases de son destin et celles de
la bonne ou de la mauvaise fortune de
l'Empire. Nous nous embrassâmes de nouveau cordialement; et jamais mortel n'éprouva
un bonheur aussi plein, aussi complet que
l'était le mien en ce moment! Bientôt après,
je fis observer à Sa Majesté qu'elle portait
le ruban de Ste. Catherine, et n'avait pas
pris encore celui de St. André, l'ordre le
plus élevé en Russie et qu'aucune femme
n'a le droit de recevoir, mais dont elle était
la grande-maîtresse en sa qualité de sou-

veraine régnante. Je courus vers M. Panin
lui emprunter son ruban bleu que je passai
par dessus l'épaule de l'Impératrice', et
ayant reçu d'elle les insignes de sa Catherine qu'elle venait de détacher, je les mis
dans ma poche, sur le désir que m'en exprima Sa Majesté.

Après un léger repas, l'Impératrice proposa de marcher sur Péterhoff à la tête
des troupes, et elle me désigna pour l'accompagner dans cette expédition. Ayant eu
l'idée de se revêtir à cet effet d'un uniforme des gardes, elle en emprunta un au
capitaine Talitzen; et moi, suivant son exemple, je fis le même emprunt au lieutenant
Pouschkin, ces deux jeunes officiers étant à
peu près de notre taille. Ces costumes,
soit dit en passant, étaient l'ancien uniforme
national des Préobraginsky de la garde,
tel qu'il avait été porté depuis le temps de
Pierre Ier, jusqu'au jour où il fut remplacé
par l'uniforme prussien que Pierre III avait
introduit. Et, c'est une circonstance digne
de remarque, à peine ce matin l'Impératrice
était-elle entrée à Pétersbourg, que les
gardes, comme s'ils en avaient reçu l'ordre,
ayant dépouillé leur costume étranger, re-

parurent du premier au dernier avec l'ancien uniforme de leur pays.

L'Impératrice s'étant retirée pour faire ses préparatifs de voyage, je retournai chez moi afin de faire subir à ma toilette les changements nécessaires pour accompagner Sa Majesté. Quand je revins au palais, l'Impératrice, à ce que j'appris, tenait un conseil au sujet des proclamations qui devaient être lancées. Elle était entourée de ceux des sénateurs qui se trouvaient alors dans la capitale, et assistée de Teploff qu'on avait appelé pour remplir les fonctions de secrétaire.

Comme la nouvelle de la fuite de l'Impératrice et des événements qui s'étaient accomplis à Pétersbourg, devait être maintenant parvenue à Oranienbaum, il me vint à la pensée que Pierre III, écoutant pour une fois quelque conseil ferme et sensé, pourrait faire un mouvement rapide afin de réprimer la révolte de ses troupes et paraître promptement devant St. Pétersbourg. Je résolus sous l'impression même du moment de communiquer aussitôt cette idée à l'Impératrice. Les deux officiers, de garde à la porte de la salle du conseil, surpris peut-

être par la vivacité avec laquelle je m'avan-
çais sans la moindre hésitation, ou bien me
supposant porteur de quelque passe privilé-
giée supérieure au contre-seing sans lequel
ils avaient ordre de ne laisser entrer personne, ouvrirent la porte et me permirent
de pénétrer dans la salle. Je m'approchai
vivement de Sa Majesté et lui glissai à
l'oreille la pensée qui m'avait fait accourir,
la suppliant de prendre toutes les mesures
possibles contre l'arrivée de Pierre III.
Teploff fut aussitôt invité à rédiger un oukase
et à en envoyer copie avec d'autres instructions à deux détachements qui reçurent
l'ordre d'occuper les deux entrées de la ville
du côté de l'eau, seuls points qui fussent dé-
garnis. L'Impératrice comprenant aisément
la surprise que mon apparition causait à
ces vénérables sénateurs dont pas un ne
me reconnaissait sous mon costume militaire,
leur apprit qui j'étais et leur dit en outre
qu'elle était redevable à mon amitié, à mon
dévouement toujours actif, de l'idée d'une
précaution très nécessaire en ce moment
et qu'on avait entièrement négligée. Alors,
d'un accord unanime, les sénateurs se levèrent
pour me saluer, marque de respect qui me

fit rougir et que j'étais fort en peine de reconnaître, tant elle me semblait peu due à
la personne qui avec la tournure d'un jeune
homme en uniforme militaire s'était introduite
dans leur sanctuaire et avait avec si peu
de déférence pour eux chuchoté à l'oreille
de l'Impératrice.

Bientôt après, quand le conseil fut terminé
et qu'on eut donné les ordres nécessaires
pour la sûreté de la capitale, nous montâmes
à cheval et sur notre route pour nous rendre
à Péterhoff, nous passâmes en revue douze
mille hommes de troupes outre les volontaires
dont le nombre allait sans cesse croissant.

A Krasnoi Kabac, c'est-à-dire à dix verstes
de Pétersbourg, uous fîmes une halte
de quelques heures pour laisser reposer les
troupes qui depuis douze heures étaient
sur pied. Nous-mêmes nous avions besoin
de repos; pour ma part, durant les quinze
dernières nuits j'avais à peine fermé l'oeil.
Quand nous entrâmes dans ces misérables
petites chaumières, Sa Majesté me proposa
de nous coucher avec nos habits dans l'unique
lit qui se trouvait là. Ce lit, malgré sa
saleté, était pour mes membres brisés un luxe
que je n'eus garde de refuser. Nous nous

étions à peine installées dans ce lit, au-dessus
duquel j'avais eu d'abord la précaution d'étendre
un large manteau emprunté au colonel Carr,
lorsque j'aperçus une petite porte derrière
l'oreiller de l'Impératrice. Ne sachant sur
quoi cette porte donnait, je demandai la permission d'aller m'assurer par moi-même s'il
n'y avait aucun danger; et ayant reconnu
que la dite porte ouvrait par un couloir
étroit et sombre sur la cour extérieure, je
plaçai deux sentinelles pour la garder, avec
l'ordre de ne pas s'éloigner de cet endroit
sans ma permission. Cela fait, je retournai
auprès de l'Impératrice que je trouvai en train
d'examiner quelques papiers; et comme nous
ne pouvions dormir, elle me lut le texte
des proclamations qu'elle voulait publier.
Nous eûmes aussi le temps de délibérer sur
ce qu'il restait à faire. Notre coeur était
plein de joyeux pressentiments qui désormais
avaient à peu près chassé toute crainte de
danger.

CHAPITRE VI.

Mouvements de Pierre III. — Son indécision. — Son départ pour Cronstadt à l'effet de s'emparer de la flotte. — Il est prévenu par l'Impératrice. — Il fait des ouvertures d'abdication. — Conduite du Grand-Chancelier. — L'Empereur se rend prisonnier. — Il est mené au château de Ropsha. — Il déclare son abdication. — Grégoire Orloff. — Sédition des soldats comprimée par la princesse. — La princesse fait une découverte pénible au sujet d'Orloff et de l'Impératrice. — Retour à St. Pétersbourg. — Entrée dans la capitale. — Scène extraordinaire. — Entrevue de la princesse avec son père et sa famille. — Elle retourne au palais. — Elle reçoit l'ordre de Ste. Catherine. — Conversation avec l'Impératrice. — Récompense offerte à la princesse. — Scène comique dans le palais.

Cependant Pierre III, refusant de suivre les conseils du maréchal Munich, ne pouvait se résoudre à rien. Il allait et venait entre Péterhoff et Oranienbaum jusqu'à ce que, voyant qu'il n'en était pas plus avancé, il céda enfin aux instances de ses amis et partit pour Cronstadt afin de se rendre maître de la flotte. Mais l'Impératrice n'avait pas méconnu l'importance qu'il y avait pour elle à s'en assurer la possession. Déjà elle avait envoyé avec ses pleins pouvoirs l'amiral Talitzen qui voyant l'Empereur

s'approcher du rivage de Cronstadt, place
dont il avait déjà pris le commandement,
ne lui permit pas de débarquer. L'infortuné
Pierre, forcé ainsi de s'en retourner à Oranienbaum, envoya le général Ismaeloff à
l'Impératrice avec les ouvertures les plus
humbles et l'offre d'abdiquer.

Le porteur de ces propositions nous rencontra en marche vers Péterhoff; et combien il différait de langage et d'attitude
avec mon oncle le Grand-Chancelier qui
s'était présenté devant l'Impératrice au
moment même où nous quittions la ville!
Ce dernier était venu présenter ses remontrances à l'Impératrice, au sujet de ses actes;
mais comprenant l'inutilité de ses arguments,
il se retira en refusant de prêter le serment de fidélité. „Soyez sûre, Madame,
dit-il avec la dignité calme d'une grande
âme, que jamais je ne chercherai à nuire
à votre gouvernement ni par mes paroles
ni par mes actions; et pour vous prouver
combien cette déclaration est sincère, chargez
un de vos officiers les plus dévoués du soin
de surveiller ma maison; mais jamais, tant
que l'Empereur continuera d'exister, je ne
trahirai le serment que je lui ai prêté."

Il était impossible de ne point admirer la conduite de mon respectable oncle qui dans cette circonstance n'obéit qu'à une stricte règle de devoir envers un prince dont il n'avait jamais recherché la faveur et dont les actes avaient été loin de lui inspirer de la confiance en son gouvernement; car mon oncle les avait observés avec peine, et s'était plus d'une fois alarmé sérieusement des conséquences qu'ils pouvaient entraîner.

Sa Majesté renvoya le général Ismaeloff à Pierre III en le conjurant de conseiller à l'Empereur de se remettre à elle pour prévenir l'incalculable désordre qui pourrait naître d'une conduite différente, et lui promettant de ne négliger aucun effort pour rendre son existence aussi agréable que possible dans la résidence qu'il se choisirait à une certaine distance de Pétersbourg.

Au moment où nous atteignions le couvent de la Trinité, le vice-chancelier prince Galitzin arriva avec une lettre de l'Empereur. La foule qui nous accompagnait s'augmentait à chaque instant des gens qui accouraient de tous côtés vers nous.

Aussitôt après notre arrivée à Péterhoff, on nous annonça que Pierre III, accom-

pagné des généraux Ismaeloff et Goudovitch,
était rentré au palais et qu'il offrait de se
rendre. Il fut conduit sans être vu de personne dans un appartement écarté où on
lui servit à dîner. Il choisit pour sa résidence future le château de Ropsha qui lui
avait appartenu lorsqu'il était Grand-Duc.
C'est là qu'il fut transporté immédiatement
sous l'escorte d'Alexis Orloff qui avait pour
commandants après lui le capitaine Passik,
le prince Théodore Bariatinsky et M. Baskakoff, lieutenant dans les Préobraginsky; c'était
à ce dernier que l'Impératrice avait confié
la garde de la personne de l'Empereur.

Je ne vis point Pierre III en cette occurrence, bien que cela m'eût été facile;
mais ceux qui le virent m'assurèrent qu'il
paraissait médiocrement affecté du changement de sa fortune. Avant de quitter Péterhoff, il écrivit deux ou trois petits billets
à l'Impératrice. Dans un de ces billets que
j'eus occasion de lire, il énonçait son abdication en termes clairs et précis; et après
avoir nommé quelques personnes de qui il
désirait être accompagné, il parlait des ap-
provisionnements nécessaires pour sa table,
et dans le nombre il n'avait pas oublié de

stipuler une abondante allocation de vin de Bourgogne, de pipes et de tabac.

Mais en voilà assez sur le compte de ce prince infortuné que la nature avait formé pour la condition la plus vile, et que malheureusement la fortune plaça sur un trône. Bien qu'il ne fût pas positivement vicieux, sa faiblesse d'esprit, son défaut d'éducation, son penchant naturel pour tout ce qui était bas et grossier, eussent pu, s'il avait continué de régner, faire fondre autant de maux sur son peuple que les habitudes du vice le plus effréné.

Durant toute cette journée, et même toute la soirée précédente j'avais à peine goûté un moment de repos; mais mon coeur, mes affections étaient trop puissamment mêlés aux événements qui venaient de s'accomplir, pour que je ressentisse la moindre fatigue. Je n'en éprouvai qu'en cessant mon rôle actif. Toute cette soirée se passa pour moi en allées et venues, tantôt à une extrémité du palais, tantôt à une autre, tantôt parmi les gardes qui étaient postés aux diverses entrées. A ce propos, comme je m'en revenais de chez la princesse de Holstein, parente de l'Impératrice, rapportant une demande

qu'elle avait faite pour obtenir de voir Sa
Majesté, quel fut mon étonnement d'apercevoir Grégoire Orloff couché de son long sur
un sopha dans une des salles! (Il avait,
à ce qu'il paraît, une contusion à la jambe.)
Devant lui était une grande quantité de papiers
qu'il était en train d'ouvrir. Dans le nombre
je reconnus des papiers d'Etat, émanant du
Conseil suprême tels que j'en avais vu dans
les mains de mon oncle sous le règne de
l'Impératrice Elizabeth. Je lui demandai,
d'un ton de surprise, ce qu'il faisait là?
„L'Impératrice, répondit-il, m'a ordonné d'ouvrir ces papiers." — „C'est impossible, répli-
quai-je; Sa Majesté ne peut vouloir qu'ils
soient ouverts jusqu'à ce qu'elle ait nommé
officiellement des personnes chargées de ce
soin: et ni vous ni moi, j'en suis sûre, nous
n'avons de titres suffisants pour remplir une
semblable tâche."

Juste en ce moment nous fûmes inter-
rompus par la nouvelle que les soldats, cam-
pés autour du palais s'étaient, sous l'aiguillon
de la soif et pour réparer les fatigues de
la journée, rués dans les caves, et qu'ils
travaillaient à vider les tonneaux de vin
de Hongrie, prenant ce vin pour une sorte

d'hydromel, la boisson ordinaire du pays. Je sortis immédiatement pour leur faire des remontrances sur cette infraction au bon ordre; et, à ma vive satisfaction non moins qu'à ma grande surprise, (car dans ce désordre les mutins avaient entièrement méconnu l'autorité de leurs officiers), ma harangue fut couronnée d'un succès tel, que les soldats jetant sur le sol tout le vin qui restait dans leurs chapeaux, se mirent à rouler les barriques et à les remettre en place, se contentant d'aller étancher leur soif au plus proche ruisseau. Je leur distribuai tout l'argent que j'avais sur moi; et ensuite je retournai mes poches pour montrer aux soldats que mon désir de les récompenser était pour le moins égal à mes moyens. Je leur promis, en outre, qu'à notre arrivée à Pétersbourg les tavernes seraient ouvertes à deux battants et qu'ils y boiraient autant qu'ils voudraient aux frais de la Couronne. Cette sorte de rhétorique flattait singulièrement leurs goûts; ils se dispersèrent donc dans les meilleures dispositions d'esprit.

La circonstance que je rapporte ici me rappelle ce que j'ai lu dans plusieurs pamphlets où l'on disait que j'avais reçu de l'ar-

gent de l'Impératrice et des cours étrangères pour travailler à nos projets de révolution; et je profite de l'occasion présente
pour démentir cette assertion. Jamais je ne
demandai, jamais je ne reçus un seul rouble
de Sa Majesté; et bien que des ouvertures
de crédit illimité me fussent faites de la
part de l'ambassadeur de France, je répondis
toujours qu'à mon avis il ne fallait pas que
des subsides étrangers servissent à faire
réussir notre révolution.

Comme je passais, pour me rendre auprès
de l'Impératrice, par cette même chambre
où Grégoire Orloff était étendu sur le sopha,
je remarquai machinalement une table garnie
de trois couverts. Le dîner ayant été an-
noncé, Sa Majesté m'invita à le partager et
m'emmena dans cette chambre. En y entrant je vis avec beaucoup de peine que la
table avait été tirée vers le meuble sur
lequel était couché Orloff. Ce sentiment
parut si fortement empreint sur ma physionomie, que Sa Majesté en fit peut-être l'observation, car elle me demanda ce que j'avais.
„Rien, répondis-je; sauf le manque de sommeil
depuis quinze nuits et un excès de fatigue.“
Alors elle m'engagea à me joindre à elle

pour chapitrer Orloff qui avait témoigné
l'envie de quitter le service militaire. „Con-
cevez donc, dit-elle, quel air d'ingratitude
cela aurait si je lui permettais de se retirer.“
Je crois bien que ma réponse ne fut pas
tout-à-fait ce qu'elle attendait; je me bornai
à lui faire observer qu'ayant à disposer, en
sa qualité de souveraine, de tant de moyens
de récompense, il était inutile qu'elle contra-
riât ses voeux.

Pour la première fois il s'éleva dans mon
esprit une conviction, à laquelle s'associèrent
les idées les plus pénibles, les plus humi-
liantes. Il devint évident pour moi qu'il y
avait une liaison entre eux.

Après notre repos et le départ de Pierre
III, nous retournâmes à St. Pétersbourg.
En route, nous restâmes deux heures à une
maison de campagne appartenant au prince
Kourakin: là l'Impératrice et moi nous nous
reposâmes encore ensemble dans le seul
lit que contînt la maison. De là nous nous
rendîmes à Katerinhoff où notre arrivée fut
saluée par un immense concours de gens
qui étaient venus se ranger de notre côté,
dans le cas où l'on aurait eu une affaire
avec les Gardes holsténois, étrangers des

plus impopulaires, des plus odieux à la nation.

Mais il me serait impossible de décrire exactement, en termes à la hauteur du sujet, la scène qui suivit. Quand nous entrâmes dans la Capitale et la traversâmes en cortége triomphal, chaque rue, chaque croisée était comble de spectateurs dont les voix déchiraient l'air en appelant les bénédictions du ciel sur l'Impératrice, tandis que les musiques de tous les régiments et les cloches de toutes les églises sonnant à pleine volée, augmentaient le joyeux tumulte qui accompagnait la cavalcade. Les portes de ces édifices sacrés étaient grandes ouvertes; et dans le fond de la perspective des arceaux, on apercevait des groupes de prêtres debout à leurs autels illuminés, et prêts à consacrer l'allégresse publique par les cérémonies de la religion.

Quelque animée et imposante que fût la scène qui se passait autour de moi et dont je puis donner à peine une faible idée, elle était éclipsée par la vivacité de mes pensées. Pleine d'enthousiasme et de dévouement, je marchais à cheval à côté de l'Impératrice, réfléchissant aux bénédictions célestes qui

avaient couvert cette révolution que n'avait
pas souillée une seule goutte de sang, et
je voyais en ce moment dans cette oeuvre
du ciel non-seulement une bonne souveraine,
mais de plus une amie adorée, que le succès
de ma tentative avait aidée à sortir d'un
périlleux état de dépendance et à monter
sur le trône pour commander à ma bien-
aimée patrie.

En arrivant au vestibule du palais d'été,
je me sentis épuisée par la rapide succession
de tant d'événements; et désireuse au plus
haut degré d'apprendre l'impression qu'ils
avaient produite sur mon père et mon oncle,
aussi bien que sur mon enfant, je priai Sa
Majesté de me prêter à cet effet son carrosse de voyage qui nous suivait, et ayant
obtenu cette faveur à la condition de revenir
le plus tôt possible, je me rendis d'abord
à la maison de mon oncle; c'était le point
le plus rapproché. Je trouvai cet homme
si respectable parfaitement d'accord avec lui-
même, — c'est-à-dire calme et aussi digne
que jamais. Il parla de la chute de Pierre
III comme d'un événement auquel il s'était
attendu; mais dans le cours de la conversation il insista principalement sur le danger

d'accorder une confiance trop aveugle à l'amitié des souverains qui, à bien des égards, dit-il, ne saurait être jugée avec vraisemblance durable et sincère. Il parlait ainsi, m'assura-t-il, d'après sa propre expérience: il avait vu que les plus purs motifs et la conduite la plus noble n'étaient point de sûrs préservatifs contre les effets empoisonnés de l'envie et de l'intrigue, même sous un souverain qui lui était reconnaissant de ses services et auquel il avait été dévoué depuis ses plus tendres années.

En quittant cet excellent oncle je me rendis à la maison de mon père. Je la trouvai, à ma grande surprise, occupée par un détachement d'une centaine de soldats. Ce fait provenait du zèle malencontreux d'un M. Kakavinsky, lequel avait été envoyé pour protéger la maison contre les attaques de gardes avinés dont les barraques étaient situées dans le voisinage immédiat; mais ayant conçu quelques craintes au sujet du nombreux domestique de mon père, le dit officier avait de sa propre autorité appelé tous ces soldats à son aide, bien qu'il sût en même temps qu'on n'en avait pas laissé en ville, quand l'Impératrice s'était rendue à Péterhoff, plus que le compte absolument nécessaire pour la garde du palais et celle du Grand-Duc. Justement se présenta devant moi un homme que je reconnus pour être un sergent aux ordres de M. Valdkoffsky, lieutenant-colonel des gardes, le même à qui avait été confié le commandement des troupes à St. Pétersbourg. Cet homme venait demander une trentaine de nos soldats pour relever ceux de leurs camarades de service qui, grâce à l'extravagance de Kakavinsky avaient été de garde le double du temps ordinaire. J'exhortai donc Kakavinsky à se conformer immédiatement à cet ordre; et comme je traversais la maison, trouvant une sentinelle à la porte de chaque chambre, je lui représentai, combien il avait outrepassé les instructions de Sa Majesté qui l'avait placé en ce lieu pour protéger mon père et non pour le surveiller comme un coupable soupçonné de haute trahison. Puis m'adressant aux soldats, je leur dis qu'on leur avait bien à tort imposé cette corvée, et que s'il en restait dix ou douze d'entre eux, ce serait bien suffisant jusqu'à nouvel ordre.

Mon père me reçut sans aucune expres-

sion de colère ou de blâme. Il m'entretint
du chagrin que lui avait causé la mesure
dont je viens de parler, et de la médiocre
satisfaction qu'il avait ressentie en recevant
sous son toit ma sœur la comtesse Elizabeth. Afin de le mettre à l'aise sur le
premier point, je l'assurai que la surveillance
en question ne provenait que de l'absurdité
de Kakavinsky qui avait mal compris les
ordres, et lui affirmai qu'avant la nuit on
retirerait les soldats jusqu'au dernier. Sur
le second point, je le conjurai de réfléchir
à la situation difficile de ma sœur, situation
qui en ce moment faisait de la maison pa-
ternelle non-seulement son unique asile sûr,
mais encore son asile naturel. Bientôt,
ajoutai-je, la protection que vous lui accordez
aujourd'hui aura cessé d'être nécessaire ; et
alors, si tel est votre désir mutuel, vous
pourrez vous séparer sans blesser en rien
les convenances.

Ma visite à mon père, de même que celle
que j'avais faite à mon oncle, dut être
courte ; car j'avais promis de ne pas tarder
à revenir auprès de l'Impératrice, et j'avais
encore à me rendre chez moi pour voir ma
fille et déposer mon costume militaire. Mon

père eut beaucoup de peine à se séparer de moi; et ce ne fut pas sans difficulté que j'obtins de lui la permission de voir ma soeur avant de quitter la maison. Il n'avait jamais éprouvé beaucoup de sympathie pour elle, et ses sentiments à cet égard, quels qu'ils fussent, n'avaient guère été modifiés par le dédain qu'elle lui témoigna à partir des premières semaines du dernier règne qui fut si court, ni par l'abandon où cette conduite l'avait fait tomber à la cour.

A peine fus-je entrée dans la chambre de ma soeur, qu'elle commença à se lamenter amèrement sur les désastres de la journée et sur ses propres infortunes. Quant aux craintes personnelles qu'elle pouvaité prouver, je m'appliquai à les bannir de son coeur, et bien qu'elle pût être certaine de mon affection et de mon zèle à la servir, je la priai de songer à la noblesse et à la générosité de l'Impératrice, vertus assez grandes pour agir en sa faveur, même sans que je les invoquasse. Ma conviction sur ce point était bien fondée: car si l'Impératrice jugea l'absence de ma soeur nécessaire pendant l'époque du couronnement, du moins lui envoya-t-elle de fréquents messages en

l'assurant de sa protection. Ma soeur ne
tarda point à se retirer à la campagne, dans
une propriété que mon père possédait aux
environs de Moscou; après le couronnement
et le départ de la cour, elle revint dans
cette ville où elle vécut jusqu'à l'époque de
son mariage avec M. Paliansky: alors elle
alla avec son mari fixer sa résidence à Pétersbourg. A la naissance de son fils aîné,
l'Impératrice en personne le tint sur les
fonts de baptême; et plusieurs années après,
sa fille fut, à ma demande, nommée fille
d'honneur.

Ayant quitté ma soeur, je m'empressai
d'aller chez moi embrasser ma petite Nastasia. Ces trois visites me prirent tellement
de temps, que je ne pouvais plus songer
à différer mon retour au palais en m'arrêtant pour changer de costume. Comme
j'allais sortir, ma femme de chambre me
retint pour me dire qu'elle avait trouvé dans
la poche. de la robe que j'avais ôtée un
ruban rouge et une plaque de diamants.
C'étaient, je m'en souvins, les insignes de
l'ordre de Ste Catherine appartenant à l'Impératrice: je les emportai donc pour les
lui rendre.

Comme j'entrais dans l'antichambre qui menait à l'appartement de Sa Majesté, j'aperçus Grégoire Orloff et Kakavinsky; ils en sortaient. Au premier regard que je jetai sur l'Impératrice, il devint évident pour moi qu'Orloff était mon ennemi; car nul que lui n'eût introduit cet homme en présence de Sa Majesté. Elle me reprocha d'avoir parlé en français à cet officier, devant les soldats que je voulais renvoyer de leur poste. Ma réponse fut courte, et ma physionomie exprima la nature des sentiments que m'inspirait une pareille réception. „Il s'est, dis-je, écoulé peu d'heures depuis que Votre Majesté est montée sur le trône, et dans ce court espace de temps j'ai reçu de vos soldats de telles preuves de confiance, que rien de ce que j'ai pu dire n'a été capable de les blesser, en quelque langue que j'aie parlé." Et pour couper court à toute conversation, je lui remis le ruban rouge que j'avais apporté. „Doucement, dit-elle; vous devez assurément reconnaître que vous n'aviez pas le droit de renvoyer les soldats de leur poste." — „C'est vrai, répondis-je. En dépit de la requête de M. Valkoffsky, j'eusse dû permettre à ce niais de Kakavinsky

9*

d'agir à sa guise et de laisser Votre Majesté sans une garde suffisante pour la sûreté
du palais." — „Allons, allons, dit-elle, en
voilà assez. Mon observation s'appliquait
à votre précipitation, mais ceci est pour
vos services, ajouta-t-elle en passant le ruban
de Ste Catherine par dessus mon épaule.
Au lieu de le recevoir à genoux, je répliquai:
„Votre Majesté me pardonnera si je dis que
le temps est venu où la vérité sera nécessairement bannie de sa présence; mais permettez-moi de vous représenter que je ne
saurais recevoir cette décoration: si c'est
une parure, elle n'a pas de prix à mes yeux;
si c'est une récompense, elle est sans valeur
pour celle dont les services tout estimés
qu'ils sont de quelques personnes, ne furent
jamais et jamais ne seront achetés." Elle
m'embrassa affectueusement. „Au moins,
dit-elle, l'amitié a des droits, et qu'il me
soit donné en cette occasion de partager
ses plaisirs." Je lui baisai la main en signe
d'acquiescement.

Ainsi j'étais devant elle en uniforme
avec le ruban rouge sur l'épaule sans la
plaque, un éperon à une botte, et j'avais
l'air d'un jeune garçon de quinze ans.

Sa Majesté me dit que par son ordre un lieutenant des gardes avait été envoyé déjà vers le prince Daschkoff pour presser le plus possible son retour à Pétersbourg. Une telle preuve d'estime, donnée dans un tel moment, me fit un si vif plaisir que j'en oubliai immédiatement la mortification que je venais d'éprouver. L'Impératrice ajouta: „D'après mes ordres, un appartement a été disposé pour vous dans le palais; demain, tout sera prêt pour vous recevoir." Je priai Sa Majesté de me permettre de ne point profiter tout de suite de ses bontés, désirant attendre l'arrivée de mon mari pour prendre ensemble possession de cet appartement.

Au bout d'une heure environ et chacun ayant pris congé de l'Impératrice, je me hâtai de retourner chez moi, et après avoir partagé le souper de ma petite Nastasia, je me mis bien vite au lit: mais sous l'agitation que m'avaient causée tant d'événements, et avec la surexcitation morale et physique, j'étais hors d'état de pouvoir jouir d'un sommeil profond et paisible; je passai donc la nuit dans des demi-sommes fiévreux, au milieu de rêves désordonnés et avec des tressaillements nerveux.

J'ai oublié de rappeler et mettre à sa place une petite conversation que j'eus avec l'Impératrice, à notre retour de Péterhoff à St. Pétersbourg. Sa Majesté, le comte Razoumoffsky, le prince Wolchonsky et moi, étant descendus de cheval, étions montés en voiture, pour quelque temps, afin de nous reposer un peu. L'Impératrice, avec son air de bonté toute particulière, se tourna vers moi et me dit: „Que pourrai-je faire jamais pour vous témoigner ma reconnaissance de vos services?" — „Votre Majesté, répondis-je, peut faire assez pour me rendre la plus heureuse de toutes les créatures: être une mère pour mon pays et me continuer son amitié." — „Tout cela, dit-elle, n'est que mon devoir; mais je désire diminuer la dette de la reconnaissance que j'ai contractée envers vous." — „J'espérais, repris-je, que les services rendus par l'amitié ne seraient jamais considérés comme un fardeau." — „Bien, bien, dit-elle en m'embrassant, vous pouvez m'imposer tout ce que vous voudrez; mais je ne serai pas contente que vous ne m'ayez dit, (et que ce soit tout de suite,) ce que je puis faire pour vous être agréable." — „Eh bien, dis-je, Votre Majesté peut ressusciter mon oncle qui est vivant et bien portant." — „Que signifie cette énigme?" demanda-t-elle.

J'étais un peu honteuse de m'être laissée aller à solliciter une faveur. Je priai donc Sa Majesté d'interroger le prince Wolchonsky sur le mot de l'énigme. „Je pense, dit ce dernier, que la princesse Daschkoff fait allusion au général Levontieff, oncle de son mari, qui a servi avec distinction contre la Prusse. Il a perdu la septième partie de ses terres, ainsi que le quart de ses autres biens par les intrigues de sa femme qui, selon la loi, n'avait droit à aucune part dans ces deux sortes de biens si ce n'est après le décès naturel de son mari." L'Impératrice qui n'ignorait pas combien Pierre III aimait à contribuer à la ruine de ceux d'entre les officiers qui avaient combattu avec zèle contre le roi de Prusse, saisit d'un coup d'oeil l'injustice commise et promit de la réparer. „L'un des premiers ukases que je signerai, dit-elle, aura pour effet de produire sa résurrection." — „En agissant ainsi, dis-je à mon tour, Votre Majesté me donnera une grande et belle récompense; car le général Levontieff est le frère unique et le véritable

ami de la princesse Daschkoff, ma belle-
mère." J'étais heureuse, bien heureuse, je
me réjouissais sincèrement de cette occasion
qui m'était accordée de témoigner de la
tendresse à la famille de mon mari, surtout
en ce moment et lorsqu'en agissant ainsi
j'échappais à la nécessité d'accepter une faveur personnelle, ce qui eût répugné absolument à mes principes.

Le lendemain, M. Panin reçut le titre de
comte avec la pension 5000 roubles; le
même chiffre de pension fut assigné au prince
Wolchonsky et au comte Razoumoffsky. Le
reste des conspirateurs de première classe,
600 paysans chacun et 2000 roubles de
pension; ou bien, au lieu de paysans, une
somme de 24,000 roubles. A ma grande
surprise, je trouvai mon nom sur cette liste,
mais j'étais bien déterminée à ne rien accepter, à ne faire aucun choix entre les dons:
ce désintéressement m'attira les reproches
de tous ceux qui avaient trempé dans la
révolution. Cependant mes amis ne tardèrent
pas à prendre un autre ton; et enfin pour
arrêter les clameurs générales et surtout
pour ne pas offenser l'Impératrice, je me
décidais à un compromis. Je dressai un

compte des dettes de mon mari montant à près de 24,000 roubles, et j'autorisai les créanciers à toucher cette somme au cabinet de l'Impératrice.

Le quatrième jour après la révolution, M. Betskoy sollicita quelques moments d'audience, ce qui lui fut accordé. Je me trouvais seule avec Sa Majesté lorsqu'il entra; nous fûmes également étonnées de le voir se jeter à genoux, conjurant l'Impératrice d'avouer à quelle influence elle attribuait son avénement au trône. „Je dois mon avénement, répondit-elle, au Dieu tout-puissant et au choix de mes sujets." — „Alors, dit-il d'un ton de désespoir, il n'est pas juste que je conserve plus longtemps cette marque de distinction. „Et il se mettait en devoir de détacher de son épaule le ruban de St. Alexandre dont il était décoré, quand l'Impératrice l'engageant à ne pas agir ainsi, lui demanda d'expliquer sa pensée. „Je suis, répondit-il, le plus malheureux des hommes, puisque Votre Majesté ne reconnaît pas en moi la seule personne à laquelle elle doive sa couronne! N'est-ce pas moi qui ai travaillé l'esprit des gardes? N'est-ce pas moi qui ai semé de l'argent parmi le peuple?"

Toutes deux nous pensâmes qu'il avait perdu la raison et nous commencions à ressentir quelque inquiétude lorsque l'Impératrice avec sa finesse accoutumée, trouva un expédient comique pour se délivrer de cette réclamation extravagante et flatter au plus haut degré la vanité de M. Betskoy. „Je reconnais, dit-elle en interrompant gravement sa harangue, je reconnais combien je vous ai d'obligations; et puisque c'est à vos services que je suis redevable de ma couronne, aux soins de qui pourrais-je mieux confier la combinaison de ce que je dois porter lors de mon couronnement? En conséquence, c'est à vous que j'en remets le soin; c'est sous votre juridiction que je place tous les joailliers de mon Empire.“

M. Betskoy tomba dans un transport de joie et, après mille remercîments, il se précipita hors de la chambre, pressé sans doute d'aller répandre la nouvelle qu'il avait reçu une récompense égale à son mérite. Il est inutile de dire comme nous rîmes de bon coeur de cet incident qui ne témoigna pas moins de l'ingénieuse adresse et de la finesse d'esprit de l'Impératrice que de l'absurdité et de l'extravagance de Betskoy.

CHAPITRE VII.

Nouvel état de choses à la cour de l'Impératrice. — Anecdotes curieuses sur l'Impératrice Anne. — Le fameux comte Bestoucheff revient d'exil. — Il est présenté par l'Impératrice à la princesse Daschkoff. — Inexactitude des écrivains français au sujet de la révolution. — Le feld-maréchal Munich et M. Lesh-tock. — Mort tragique de Pierre III. — Ce que ressentit l'Impératrice à cette occasion. — Son innocence de toute participation à la catastrophe. — Preuves à cet égard. — Lettre écrite par Alexis Orloff, immédiatement après le meurtre. — Retour du prince Daschkoff. — Sa nomination dans le régiment des cuirassiers de l'Impératrice. — Sa popularité dans l'armée. — Souvenirs personnels de l'Impératrice Catherine. — Anecdotes la concernant. — Son extraordinaire versatilité d'esprit. — Affaire de Michel Pouschkine. — Sa bassesse de caractère et son ingratitude envers la princesse. — Fin de sa carrière.

En ce moment la cour de Pétersbourg offrait un intérêt tout particulier: les personnages nouveaux qu'avait révélée la révolution et les divers hommes illustres exilés du temps de l'Impératrice Anne [3]), sous la

---

[3) Le nom de l'Impératrice Anne rappelle quelques curieuses anecdotes que l'Editeur a recueillies de la bouche même de la princesse; elles concernent cette souveraine et méritent de trouver place ici.

Chacun sait que durant le règne de Pierre Ier, ce tyran avait coutume de punir les nobles qui l'avaient mécontenté par un rescrit impérial leur ordonnant d'être

régence de Biron et pendant le règne d'Elizabeth, rappelés par l'ordre de Pierre III arri-
vaient tous les jours. Plusieurs d'entre eux,
avaient occupé les premiers postes de l'Etat,

---

f o u s. A partir de ce moment, la malheureuse victime, bien que douée d'intelligence, devenait aussitôt
le point de mire des sarcasmes de toute la cour. Le
fou avait le privilége de dire tout ce qu'il lui plaisait,
sauf les ruades et les coups de fouet qu'il lui fallait
essuyer sans oser se donner le plaisir des représailles;
tout ce qu'il faisait était tourné en ridicule; on se
jouait de ses plaintes; on ricanait de ses bons mots,
on les commentait, comme les merveilleuses preuves
de l'intelligence d'un insensé. L'Impératrice Anne
mit le comble à cette abominable cruauté; mais quelquefois elle y apportait une originalité qui ne laissait
pas que d'amuser. Un jour, pour punir certain prince
G . . . . . d'une faute légère, elle décréta qu'il devien-
drait p o u l e. En conséquence, elle ordonna qu'une
grande corbeille en forme de nid, bourrée de paille et
garnie d'oeufs, fût placée en évidence dans une des
pièces principales de son palais. Le prince fut con-
damné, sous peine de mort, à s'asseoir sur ce nid et
à se rendre ridicule au plus haut degré en imitant le
gloussement d'une poule qui pond.

Cette même Impératrice aimait beaucoup la comtesse
Tchernicheff, et la faisait souvent appeler afin de jouir
de sa conversation piquante. Cependant cette pauvre
dame tomba gravement malade, et ses jambes enflèrent
tellement que c'était pour elle un martyre que de

et possédaient les secrets des règnes pré-
cédents; leurs malheurs étaient associés aux
souvenirs d'époques déjà éloignées et faisaient d'eux un objet de curiosité non moins

---

rester debout. L'Impératrice ne comprenant pas qu'il
fût possible à une sujette d'être fatiguée en présence de
sa souveraine et ne se souciant pas de se priver du
plaisir qu'elle trouvait dans la société de la comtesse,
vit longtemps ses souffrances sans lui offrir le plus
mince adoucissement. Un jour toutefois, s'apercevant
qu'elle était au moment de s'évanouir et qu'elle faisait
de vains efforts pour se soutenir, tantôt sur un pied
tantôt sur l'autre, s'imposant cependant les apparences
et le ton de la gaîté, l'Impératrice prit pitié de sa
pauvre favorite et dit: „Tu peux t'appuyer contre
cette table et Arma Ivanovna (la première femme de
chambre de Sa Majesté) se tiendra debout devant toi,
et te servira d'écran, afin que je ne puisse pas voir
ton attitude.“

Dans une autre occasion, la même Impératrice témoigna un grand désir d'assister à la danse russe et
elle ordonna à quatre des beautés principales de St.
Pétersbourg de l'exécuter en sa présence. La mère
de la princesse Daschkoff, alors à son zénith et qui
était renommée pour sa grâce comme danseuse, était
du groupe désigné. Mais quelques flattées que fussent
ces quatre personnes de l'honneur que leur avait fait
Sa Majesté en les distinguant parmi leurs compagnes,
elles se trouvèrent néanmoins si intimidées et elles
tremblaient tellement sous le regard sévère de l'Im-

qu'une source vivante d'instruction.   Ainsi,
après bien des années d'obscurité passées
hors de la politique, ils étaient tout-à-coup
rendus à la lumière et à la notoriété.

Enfin le ci-devant Grand-Chancelier Bestoucheff apparut à son tour.   Je lui fus
présentée d'une manière toute particulière
par l'Impératrice.   Elle me désigna à son
attention en termes qui mirent les Orloffs
à la torture.   „Voici, dit-elle, la jeune princesse Daschkoff.   Croiriez-vous que c'est à
la fille du comte Robert Worontzow que je
dois le trône?“

J'avais vu à peine Bestoucheff un instant
il y avait quatre ans de cela, et encore de
loin et dans un groupe.   J'avais été frappée
de l'expression de sa physionomie, ou plutôt
de la fausseté toute subtile de cette expres-

---

pératrice que, perdant toute présence d'esprit, elles
oublièrent les figures de la danse, et parmi la confusion générale, furent soudain électrisées par l'approche de Sa Majesté qui s'était levée de son fauteuil
dans un accès de rage et s'avançant vers elles d'un
air de dignité, donna à chacune des quatre danseuses
un bon coup sur l'oreille en leur commandant de re-
commencer à l'instant même; ce qu'elles firent, plus
mortes que vives.

sion; je m'informai, et ce fut alors que
j'entendis, pour la première fois le nom de
ce personnage célèbre. Je rapporte cette
circonstance parce que dans certains récits
qu'on a écrits sur la révolution j'ai été
accusée d'avoir conspiré avec Bestoucheff
contre Pierre III, encore que je n'eusse pas
plus de quatorze ans, à l'époque de son
bannissement. Il y a dans les ouvrages
de certains écrivains français un tel mépris
de la vérité, une telle ignorance des faits,
qu'ils semblent conspirer à dépouiller l'histoire de toute valeur et de toute utilité en
remplissant à l'envi leurs pages de calomnies absurdes et de faussetés ineptes.

Parmi les fantômes qui se montraient
dans cette résurrection générale, il y eut
deux hommes non moins remarquables: le
feld-maréchal Munich et M. Leshtock. Je
me rappelais les avoir vus dans mon enfance chez mon oncle qui leur était extrêmement attaché. — Le premier, alors âgé de
quatre-vingt quatre ans, portait un air cour-
tois et chevaleresque qui n'était pas peu
relevé par les manières rudes de quelques-
uns de nos conspirateurs. Il n'avait rien
perdu de la fermeté caractéristique de son

esprit, et il jouissait encore du plein exercice de toutes ses facultés. Sa conversation
m'intéressait au, plus haut point, et je me
sens fière de pouvoir rappeler que je pus
la goûter souvent, grâce à sa bonté et à la
faveur dont il m'honorait. Je considérais
ces deux hommes comme la chronique vivante
des anciens temps ; et quand je réfléchissais
à ce double monde du passé et du présent,
mon intelligence s'élargissait, bien que mon
inexpérience me trompât en m'offrant la
puérile espérance de trouver dans chaque
cœur humain un temple consacré à toutes
les vertus.

Mais au milieu des pensées nouvelles que
faisait naître l'intérêt des événements, mon
esprit fut soudain ramené à une effrayante
réalité qui me pétrifia de consternation et
d'horreur : Je veux parler de la fin tragique
de Pierre III ! Je fus si pénétrée d'indignation à la nouvelle de cette catastrophe qui
souillait notre glorieuse révolution, que tout
en repoussant l'idée que l'Impératrice eût
pu le moins du monde s'associer au crime
d'Alexis Orloff, je ne pus prendre sur moi
de mettre le pied au palais avant le lendemain. J'y trouvai l'Impératrice avec l'air

abattu; elle portait les signes évidents d'une
pénible préoccupation d'esprit. Voici quelles
furent les paroles qu'elle m'adressa: „L'horreur que me cause cette mort est inexpri-
mable; c'est un coup qui me renverse.“ —
„Madame, lui répondis-je, c'est une mort trop
soudaine pour votre gloire et pour la mienne.“

Je n'avais plus d'autre pensée; et dans le
cours de la soirée, j'eus ce qu'on appellerait
l'imprudence de dire dans l'antichambre et
devant un grand nombre de personnes, que
j'espérais bien qu'Alexis Orloff sentirait
maintenant plus que jamais que nous n'étions
pas faits pour respirer le même air; et
que j'avais l'orgueil de croire que désormais
il n'oserait pas s'approcher de moi, même
comme simple connaissance. A partir de ce
jour, tous les Orloffs devinrent mes ennemis
implacables; et quant à Alexis, en dépit de
son insolence naturelle, je lui dois la justice
de reconnaître que depuis lors vingt ans
s'écoulèrent sans qu'il ait osé en aucune
occasion m'adresser un seul mot.

Quiconque aurait l'indignité de soupçonner l'Impératrice d'avoir commandé le
meurtre de son époux ou simplement de
s'y être prêtée, trouvera une preuve irréfu-

sable de l'injustice de pareilles préventions
dans une lettre qui subsiste encore et que
Catherine reçut d'Alexis Orloff. Cette
lettre est écrite de la propre main d'Orloff,
quelques instants après l'horrible meurtre
qui venait d'être accompli. Malgré l'ivresse
où il était plongé, son style et l'incohérence
de ses idées prouvent assez sa terreur et
ses appréhensions sinistres, en même temps
qu'il sollicite son pardon dans le langage
le plus suppliant.

Cette lettre importante fut conservée avec
grand soin par Catherine II, parmi d'autres
documents précieux, dans une cassette dont
Paul, après la mort de l'Impératrice, confia
l'examen au prince Besborodka. Le prince
lisait ces papiers en présence du nouvel
Empereur. Quand il eut achevé la lecture
de la lettre d'Alexis Orloff, Paul faisant le
signe de la croix s'écria: „Dieu soit loué!
Les quelques doutes que j'avais sur ce sujet
relativement à ma mère sont maintenant
dissipés!" L'Impératrice et Melle Nelidoff
étaient présentes; et l'Empereur ordonna que
la lettre fût lue aussi aux Grands-Ducs et
au comte Rostoptschin.

Pour ceux qui révéraient le nom de Ca-

therine II, rien ne pouvaient être plus con-
solant qu'une telle découverte; et bien que
ma conviction n'eût jamais manqué de preuves,
aucune circonstance dans ma vie entière ne
me causa une plus vive satisfaction que la
certitude de l'existence de ce document.
Il réduisait désormais au silence la plus
odieuse calomnie dirigée contre la gloire d'une
souveraine qui, à travers toutes ses légèretés,
était incapable de concevoir même l'ombre
d'un pareil crime.

La joie que je ressentis à l'arrivée du
prince Daschkoff ne saurait se décrire. C'était
comme un renouveau dans mon existence
après tant d'événements heureux, excédé
comme je l'étais par une agitation incessante,
par une fatigue à la fois physique et morale. Sa Majesté célébra immédiatement le
retour de mon mari par un acte des plus
flatteurs, des plus gracieux pour le prince:
elle le promut au commandement d'un régiment de cuirassiers, dont elle était elle-
même le colonel.

Ce régiment qui, sous l'Impératrice Elizabeth aussi bien que sous Pierre III, avait
tenu le premier rang dans la garde, ne
comptait que des officiers allemands. Par

conséquent, le choix d'un Russe pour le
commander ne pouvait manquer d'être agréable à toute l'armée. Le prince se rendit
si populaire parmi les officiers et les soldats
dans l'organisation de ce corps, que bientôt
le régiment obtint la faveur des jeunes
nobles Russes qui s'empressèrent de solliciter
des commissions pour y entrer; et comme
le prince n'épargnait rien en chevaux et
équipements, le régiment devint, au bout de
peu de temps, le plus beau, le mieux tenu
qu'on pût citer.

Le prince Daschkoff et moi allâmes occuper immédiatement les appartements que
Sa Majesté avait fait disposer pour nous
dans le palais. Nous dînions tous les jours
avec elle; et comme après son dîner elle
ne prenait jamais rien, le souper était servi
chez nous, et nous y invitions chaque soir
dix ou douze de nos amis.

Mes jours d'illusion sur l'amitié des souverains sont au moment de finir; qu'on me
permette donc d'insister quelques instants
encore sur le souvenir de ces heures d'intimité que l'esprit fascinateur de l'Impératrice savait souvent varier avec la vivacité
de l'enfance elle-même.

J'étais passionnée pour la musique, mais
l'Impératrice, était loin de me ressembler
à cet égard; et le prince Daschkoff, bien
qu'il eût quelque goût pour cet art, n'y
était pas plus habile que la souveraine.
Néanmoins elle aimait à m'entendre chanter;
et quelquefois, quand cela m'arrivait, elle
faisait secrètement un signe au prince Daschkoff et proposait gravement un duo qu'elle
appelait la musique des anges et qu'ils en-
tonnaient de concert sans qu'aucun d'eux
connût une seule note. Un soudain éclat
des sons les plus criards, les plus ridicules
et les plus discordants commençait à retentir :
l'un des chanteurs secondait l'autre avec de
scientifiques haussements d'épaules et toute
la solennité des airs demi-complaisants et
les grimaces des musiciens. De cet exercice
elle passait parfois au concert des chats et
imitait de la façon la·plus drôle, la plus
amusante le ron-ron des pauvres quadrupèdes,
ayant toujours soin d'y mêler des paroles
demi-comiques, demi-sentimentales, qu'elle
inventait pour les besoins de la circonstance;
ou même, crachant comme un chat amoureux
et faisant le gros dos, elle attaquait la
première personne qu'elle rencontrait et mi-

aulait si terriblement qu'au lieu de la'grande
Cathérine on n'avait plus sous les yeux et
dans la pensée que les tours d'un grimacier.

Je crois en vérité qu'il n'y avait personne
au monde, et certainement aucun souverain,
qui l'égalât pour la magique versatilité de
son humeur, pour l'inépuisable variété de
ses ressources, et, par-dessus tout, pour l'en-
chantement de ses manières qui eussent
suffi à donner de l'éclat aux paroles les
plus vulgaires et aux sujets les moins importants.

Comme ces Mémoires, dans lesquelles les
actes de ma vie sont légèrement esquissés,
doivent être aussi le miroir de l'esprit qui
eut sur eux tant d'influence, je ne saurais
omettre de rapporter comment, dans une
circonstance autre que celle dont j'ai parlé
déjà, j'éprouvai de la part de Sa Majesté
une marque de déplaisir à laquelle il fut
attaché plus d'importance et qui dans le
moment donna lieu à une foule de commen-
taires malveillants. Mais en cela comme en
toute occasion semblable, j'exposerai sans
la moindre réticence tout ce que je sais;
ainsi, quoi que puissent avoir écrit ceux
dont les assertions n'avaient pas d'autre

autorité que les bruits du jour, on verra
clairement que jamais je n'ai encouru la
disgrâce de Sa Majesté. On a parlé en
sens contraire de la minime récompense
pécuniaire que je recevais pour mes services: mais qu'on me permette de rappeler
que l'Impératrice me connaissait à fond et
savait bien que l'intérêt personnel n'exerçait
aucune influence sur les sentiments de mon
coeur. Et j'étais si loin, en effet, de recevoir
la moindre influence de considérations de
ce genre, qu'en dépit même de la contagion
parmi les courtisans d'une cupidité qui parfois convertit en ennemis ceux-là mêmes
auxquels j'avais rendu d'importants services,
et que malgré les fréquents exemples d'ingratitude humaine que je rencontrai dans
toutes les phases de ma vie, j'ai toujours
été prête, quand l'occasion s'en offrait, à
faire en faveur d'autrui les plus grands
sacrifices sur mes propres deniers, quelque
bornée que fût pendant longtemps ma fortune.

Au nombre de ces exemples d'ingratitude
qui contristèrent le plus mon coeur, je dois
mettre la conduite d'un jeune homme nommé
Michel Pouschkine. Comme ce fut cette

affaire qui provoqua chez l'Impératrice le
mécontentement momentané dont j'ai parlé
tout à l'heure, je la raconterai avec détail.

Ce jeune homme, dont le père avait exercé
pour le gouvernement un emploi qu'il avait
perdu ensuite pour cause d'inconduite, était
lieutenant dans le même régiment que le
prince Daschkoff. Le prince lui avait souvent prêté de l'argent pour le tirer de quelques embarras pécuniaires. Sa vivacité d'esprit, les charmes de sa conversation faisaient
rechercher sa société par tous les jeunes gens
à la mode: ce qui, joint aux habitudes de
familiarité qui existent entre officiers et
camarades, amena sans trop de réflexion le
prince Daschkoff à le considérer comme un
ami. A la demande du prince, un peu
avant notre mariage, je m'employai à faire
sortir Pouschkine d'une affaire difficile et
désagréable dans laquelle il se trouvait impliqué vis-à-vis M. Heinber, le principal
banquier français à Pétersbourg. Au lieu
de payer une certaine somme qu'il devait
à ce dernier, Pouschkine l'avait mis à la
porte et poussé violemment hors de chez
lui. Après un pareil outrage, une poursuite
judiciaire avait été immédiatement dirigée

contre Pouschkine; M. Heinber était chaudement appuyé par le marquis de L'Hôpital, ambassadeur de France. Comme je voyais sans cesse le marquis chez mon oncle, je fis des instances auprès de lui afin qu'il arrêtât le procès, et j'obtins même qu'il poussât plus loin la conciliation en écrivant un billet au prince Menchikoff, commandant de Pouschkine, pour l'informer que l'affaire Heinber avait été arrangée à l'amiable, et pour demander par conséquent qu'il n'en fût plus question.

Nous prenions un tel intérêt à l'avenir de ce jeune homme qu'un jour, sous le règne de Pierre III, l'Impératrice m'ayant parlé de son fils et d'une proposition qu'avait faite M. Panin de placer auprès du Grand-Duc en qualité de compagnons quelques jeunes gens distingués et possédant surtout bien les langues et les littératures étrangères, je n'hésitai pas à nommer à Sa Majesté Michel Puschkine comme étant à bien des égards digne d'occuper cette position. Quelques semaines après, Pouschkine tomba dans une intrigue d'une nature scandaleuse; et bien que pour ma part ce jeune homme me plût médiocrement, cependant, à l'instigation

.de mon mari j'intéressai l'Impératrice en sa
faveur, et je parvins à le soustraire aux
suites dangereuses de cette affaire.

.Bientôt après cet événement et quelques
semaines avant que Sa Majesté monta sur
le trône, j'étais un soir avec elle à Péterhoff, quand M. Panin lui amena son fils le
Grand-Duc. Dans le cours de la soirée,
M. Panin émettant quelques observations sur
l'excessive timidité et même sur la sauvagerie
du jeune prince, défaut qu'il attribuait à sa
vie retirée, et au manque d relations entre
lui et des jeunes gens de son âge, rappela
l'idée qu'il avait eue de lui donner quelques
compagnons qui lui convinssent, et en désigna plusieurs et dans le nombre Pouschkine
que le prince Daschkoff avait recommandé
à cet effet à son oncle, avant de quitter
Pétersbourg.

En entendant ce nom, Sa Majesté fit aussitôt observer que, la dernière imputation
dirigée contre le caractère de M. Pouschkine fût-elle mal fondée — et elle le désirait, — cependant la publicité de l'affaire
où M. Pouschkine s'était trouvé impliqué
avait été telle que si le moindre soupçon à
cet égard restait attaché à sa conduite c'en

était assez pour le rendre complétement im-
propre aux fonctions dont il s'agissait.

Je ne pus qu'approuver son objection;
et ayant rappelé à Sa Majesté que notre
recommandation avait de beaucoup précédé
le fâcheux éclat de cette affaire, je priai
néanmoins l'Impératrice de vouloir bien penser que M. Pouschkine avait pu être fausse-
ment accusé et considérer combien il serait
cruel que ce jeune homme perdît toute espérance, toute perspective d'utiliser ses talents
et cela sur un simple soupçon plus que sur
des preuves de mauvaise conduite.

Voilà quelle fut la nature des obligations
que M. Pouschkine contracta envers le prince
Daschkoff et moi, et ce qui suit montrera
ce qu'il donna en retour.

Quand l'Impératrice fut sur le trône et
tandis que nous habitions le palais, Pouschkine demanda un jour à nous voir et parut
tellement abattu que je ne pus m'empêcher
de le remarquer et de lui en demander la
cause. Il me parla de la sombre perspective
de ses affaires qui devenaient, dit-il, de plus
en plus mauvaises; nonobstant ma promesse
de l'aider de mon crédit, il avait perdu toute
espérance d'être placé auprès de la personne

du Grand-Duc. Je lui dis tout ce que la compassion peut inspirer pour relever ses idées, l'assurant que s'il faisait bien de ne pas s'attacher davantage à la poursuite de cette position, ce n'était pas une raison pour se décourager; que Sa Majesté ne manquerait· pas de le juger plus apte à remplir un autre emploi, et que je ne me relâcherais pas dans mes efforts en sa faveur. Après avoir fait ainsi de mon mieux pour le consoler et lui donner de l'espérance, j'avais au moins lieu de penser qu'il verrait plutôt de la bienveillance qu'autre chose dans la part que j'avais prise à son malheur, quelle que pût être la conséquence de mes efforts. Il ne m'avait pas quittée depuis cinq minutes, qu'il rencontra M. Zinovieff auquel, avec le même visage triste, il raconta ses infortunes dont l'origine, dit-il, provenait des mauvais renseignements que j'avais donnés sur son compte en accréditant dans l'esprit de Sa Majesté l'accusation de scandale élevée contre lui et par suite en le faisant déclarer indigne d'être admis comme compagnon auprès du Grand-Duc. Zinovieff lui offrit de le conduire immédiatement chez Grégoire Orloff avec qui il était intime. L'offre fut chaudement acceptée, et Pouschkine fut présenté comme un homme qui avait le plus pressant besoin de la protection du favori. Orloff ayant demandé de quoi il s'agissait, Pouschkine, avec toute l'éloquence dont il était doué, lui raconta son histoire ainsi qu'il l'avait fait précédemment auprès de Zinovieff. Voyant en lui un instrument qu'il pourrait faire servir à ses desseins pour me calomnier, Orloff épousa sa cause, et lui promit un succès qui prouverait que Sa Majesté était loin de l'envisager sous les couleurs que je lui avais prêtées.

Ce même soir, à une heure avancée, une lettre fut remise au prince Daschkoff; et quel fut notre étonnement de trouver qu'elle émanait du même Pouschkine et qu'il l'avait écrite en manière d'excuse pour s'être laissé conduire par Zinovieff chez Orloff, où avait eu lieu une conversation dont il se rappelait à peine les termes, mais qui, pensait-il, pouvait entraîner des suites désagréables pour moi. Or, reconnaissant les innombrables obligations qu'il nous avait à tous deux, il considérait comme un acte d'équité de désavouer tout ce qu'il avait dit à Orloff, et se déclarait prêt à rédiger en ce sens un

témoignage écrit, que le prince pourrait envoyer chercher dès le lendemain matin.

La bassesse de cette proposition m'inspira
tant de dégoût, que le meilleur parti à
prendre me sembla être de n'y point répondre. Cependant le prince Daschkoff trouva
qu'il y aurait quelque dureté à lui refuser
ce moyen de justification.

Le lendemain matin, lorsque, selon mon
usage, j'allai présenter mes respects à l'Impératrice, le sujet fut immédiatement mis
sur le tapis. Sa Majesté me demanda
„Dans quel but je m'étais imaginé d'aliéner
la confiance d'un sujet en insinuant qu'il
avait perdu son estime? pourquoi je rendais
si malheureux M. Pouschkine?“

Surprise d'une telle accusation, indignée
de l'ingratitude qui me l'avait attirée, j'eus
peine à retenir l'explosion de mes sentiments.
Je me donnai toutefois la satisfaction de répondre qu'ayant souvent laissé voir à Sa
Majesté le désir que j'avais d'être utile à
ce jeune homme, il me suffisait de livrer à
son jugement la condamnation de tant de
bassesse: mais que je ne pouvais m'empêcher
de lui demander, à elle qui était toute lumière et bonté, comment il était possible

qu'un langage consolateur, mon seul crime dans le cas présent, eût été torturé au point de devenir un sujet de reproche? Quant à aliéner la confiance d'un sujet, loin de là, j'avais aimé à me persuader que si ce jeune homme manquait à obtenir le poste en question, du moins il pourrait recevoir quelque preuve de la faveur de Sa Majesté, et avoir l'occasion de servir par ses talents le gouvernement de l'Impératrice.

Notre conversation en resta là; mais je pense que Sa Majesté fut satisfaite de l'explication, bien que pour ma part je restasse froissée et piquée d'un reproche hâtif et immérité.

Lorsque je revis mon mari: „Votre jugement, me dit-il, était meilleur que le mien en ce qui concerne ce drôle de Pouschkine. Mon valet de chambre a été chez lui ainsi qu'il l'avait demandé, et cet homme a eu la bassesse de refuser le papier qu'il avait promis, craignant le danger qui pourrait résulter pour lui d'un aveu écrit de sa propre main.“

—„Il ne nous reste plus, répondis-je, qu'à oublier cet être faux et artificieux qui n'était pas digne de votre estime.“

Dans la suite, la conduite de Pouschkine justifia cette opinion et fut d'accord avec la bassesse de caractère qu'il avait montrée en cette circonstance: car, ayant été placé à la tête du Collége des manufactures par le crédit des Orloffs, le seul usage qu'il sut faire d'une marque aussi grande de confiance fut de fabriquer des billets de banque faux, crime qui le fit exiler en Sibérie où il termina ses jours.

———

CHAPITRE VIII.

Couronnement de l'Impératrice. — Voyage à Moscou. —
Mort du fils de la princesse Daschkoff. — Conduite
tenue par les Orloffs envers la princesse. — Humiliation qu'on tente de lui infliger. — Elle est
nommée dame d'honneur de l'Impératrice. — Affliction domestique. — Mort de la princesse Nastasia.
— Intrigue des Orloffs pour amener l'Impératrice
à se remarier. — Cette intrigue est mise à néant
par la fermeté du Grand-Chancelier. — Conduite
de l'Impératrice dans cette circonstance. — Orloff
créé prince de l'Empire germanique. — Arrestation
de M. Hetroff. — Son énergique opposition au mariage de l'Impératrice avec Orloff. — Naissance
d'un fils de la princesse Daschkoff. — Lettre extraordinaire de l'Impératrice au prince Daschkoff. —
Attitude du prince dans cette occasion. — Maladie
alarmante de la princesse. — L'Impératrice et le
Grand-Duc Paul marraine et parrain du fils de la
princesse. — Retour de la cour à St. Pétersbourg.

Je reviens à des affaires d'un intérêt plus
général. Vers cette époque, le couronnement de l'Impératrice était l'object de l'attention publique. Au mois de Septembre, la
cour partit pour Moscou. J'accompagnai
Sa Majesté dans sa voiture durant le voyage,
et le prince Daschkoff fut aussi de la suite.
Les acclamations de joie qui dans chaque
ville, dans chaque village saluaient l'approche
de l'Impératrice ne pouvaient que nous être
bien douces et bien agréables.

11

A quelque milles en avant de Moscou,
nous nous arrêtâmes à Petroffsky, campagne
appartenant au comte Razoumoffsky. Les
fonctionnaires publics y étaient réunis ; et il y
avait aussi quantité d'habitants de la ville,
lesquels attendaient l'arrivée de Sa Majesté.

Le prince Daschkoff ne perdit pas un
instant pour faire visite à sa mère, et il ne
nous revint que le lendemain matin ; comme
je ne pouvais supporter davantage l'impatience où j'étais d'embrasser mon petit Michel
que j'avais confié depuis un an aux soins
de ma belle-mère, je priai l'Impératrice de
m'accorder la même faveur et de me permettre de la quitter jusqu'au lendemain soir.
Elle dit tout ce qu'elle put imaginer pour
me dissuader de faire cette course, me rap-
pelant la fatigue que j'avais eu à supporter
et m'objectant la nécessité de prendre quelque repos ; mais je ne pus remettre plus
tard qu'à l'après-midi l'accomplissement de
mon désir. Après le dîner quand je fus
prête à partir, Sa Majesté appela le prince
Daschkoff et moi dans une autre pièce et
avec autant de précaution que de tendresse
m'apprit que mon enfant, mon petit Michel,
était mort !

Cet événement m'affligea à tel point, qu'il
me rendit insensible à tout autre sujet qu'à
ma douleur. Je courus à la maison où mon
Michel avait succombé; je ne pouvais plus
revenir à Petroffsky ou m'en aller prendre
possession de l'appartement qui m'avait été
préparé au palais. Ma disposition d'esprit,
mes pensées ne m'eussent pas permis de me
trouver mêlée aux cérémonies de la grande
entrée dans Moscou; et bien que depuis
son arrivée j'eusse fait chaque jour visite à
l'Impératrice, j'évitai toutes les fêtes publiques
qui furent données à cette occasion, et continuai de résider dans la maison de la vieille
princesse Daschkoff dont la sympathie et
l'indulgence me donnaient une triste consolation.

Ce fut cependant le moment que les
Orloffs choisirent avec leur adresse accoutumée pour chercher les moyens de m'hu-
milier. Ils dirigeaient le cérémonial du
couronnement; et comme Pierre Ier avait
adopté l'étiquette allemande qui assignait
aux grades militaires la distinction exclusive,
ils se délectèrent à me voir figurer en public, non comme amie et conseil de l'Impératrice, — car l'ordre de Ste Catherine dont

11*

j'étais décorée ne conférait pas une préséance,
— mais comme femme d'un colonel, ce qui
était le dernier rang qui fût admis à la cérémonie dans la cathédrale.

Une estrade avait été élevée dans l'église
pour les spectateurs de cette classe : chacun
y était assez en évidence pour que les Orloffs pussent avoir libre carrière dans leurs
projets contre moi. Tous mes amis me
dissuadèrent fortement d'y paraître. Je les
remerciai de leur intérêt, mais en les assurant que si dans un semblable moment,
quand tous mes voeux d'amitié et de patriotisme allaient se réaliser, je pouvais me
laisser conduire par des considérations particulières, cet orgueil même que mes ennemis voulaient mortifier m'éleverait aux yeux
de la multitude comme une personne qui
donnait de la dignité aux circonstances, au
lieu d'en recevoir d'elles. Hélas ! qui eût
pu en un tel moment s'arrêter devant le
vide d'une question d'étiquette !

Comme je saluai le 22 Septembre, jour
du couronnement, avec bien d'autres sentiments que ceux d'une préséance personnelle !
J'entrai de bonne heure chez l'Impératrice.
Une indisposition du Grand-Duc le privait

de l'accompagner. Je la suivis de près dans
le cortége qui se rendit à la cathédrale où
je m'assis humblement parmi les gens obs-
curs à qui leur grade semblable au mien
ne permettait pas d'avoir une meilleure place.
Peut-être les sentiments qui remplissaient
mon coeur n'étaient-ils pas compris de ceux
qui classaient mes pensées d'après l'alma-
nach militaire de l'année: mais toute jeune
que j'étais, pour moi le critérium du juste
et de l'injuste était celui-là même auquel
j'avais rapporté tout succès; et si j'ignore
ce que c'est qu'une humiliation, c'est que
je n'en vois, je n'en comprends que dans la
dégradation du caractère.

Quand la cérémonie du couronnement fut
terminée, Sa Majesté retourna au palais et
se plaça sous le dais impérial.

Alors eut lieu une grande promotion.
Parmi les premières nominations à des emplois
publics, le prince Daschkoff fut créé
gentilhomme de la Chambre, ce qui; en lui
assignant le rang de brigadier, ne le privait
pas de son régiment; et je fus nommée
dame d'honneur de Sa Majesté.

Moscou présentait le spectacle d'un gala
sans interruption. La joie publique parais-

sait complète, et presque tout l'hiver se
passa en fêtes et réjouissances.

Il n'en était pas ainsi pour nous: une
douleur domestique nous défendit de prendre part à ces plaisirs. La plus jeune sœur
de mon mari, la princesse Nastasia tomba
malade; et malgré la force de sa constitution qui ne servit qu'à prolonger ses souffrances, elle finit par périr victime de l'ignorance de son médecin. La pénible tendresse
que j'éprouvais pour cette aimable jeune
femme qui, durant le dernier période de sa
maladie, voulut à peine me permettre de la
quitter soit le jour soit la nuit, jointe à la
faiblesse de ma propre santé depuis longtemps délicate et à un état de grossesse
avancée, me donna un tel éloignement pour
le monde que j'évitais de voir quiconque
était indifférent à ce pénible tableau. De
son côté, le prince Daschkoff, partagé entre
une mère désolée et une sœur mourante,
qu'il aimait tendrement, n'avait ni le loisir
ni le goût de se montrer en public, et
n'étant pas plus disposé que moi à recevoir des visiteurs, il avait donné l'ordre que
nul ne fût admis, sauf nos plus proches
parents.

Ainsi, en ce moment, ce qui se passait
à la cour ne parvenait guère à notre connaissance. J'en excepte ce qui était de notoriété générale, comme l'histoire de la pétition adressée par Bestoucheff à Sa Majesté,
au sujet d'un second mariage.

Cette oeuvre de charlatanisme qui, rédi-
gée sous forme de manifeste national, con-
jurait Sa Majesté d'exaucer les voeux et de
calmer les inquiétudes de ses sujets dévoués
en se choisissant un époux digne de son
alliance impériale, rencontra une opposition
qui la mit à jour dans l'attitude ferme et
loyale de mon oncle, le Grand-Chancelier.
Quand Bestoucheff lui apporta l'adresse, re-
vêtue de la signature de quelques nobles,
mon oncle le supplia de ne point troubler
le peu de repos que lui laissaient ses souffrances, ne fût-ce qu'en énonçant un projet
si rempli de folie et si gros de dangers.
Bestoucheff cependant se mettait en devoir
de procéder à la lecture de son écrit; mais
mon oncle indigné se leva de son fauteuil
et quitta la chambre en protestant avec force
contre la déraison d'une pétition pareille.

Immédiatement le Grand-Chancelier demanda sa voiture et, malade comme il l'était,

il se fit conduire au palais, bien résolu à
ne pas perdre un moment pour se présenter
lui-même devant l'Impératrice et réclamer
contre une pétition qu'il savait bien avoir
été composée à l'instigation de Grégoire Orloff, afin d'appuyer ses prétentions. Il sollicita une audience qui lui fut, aussitôt accordée. „Ce qui m'amène en présence de
Votre Majesté, dit-il, c'est une ouverture
extraordinaire que m'a faite le comte Bestoucheff qui par un absurde mémoire qu'il a
rédigé voudrait vous amener à croire que
la nation désire un maître pour vous et
pour elle. Une telle insinuation est un outrage au bon sens des sujets de Votre Majesté. J'en suis certain vos sujets trouve-
raient beaucoup plus de raisons contre que
pour un mariage qui donnerait à vous pour
mari et à la nation pour maître un Grégoire
Orloff."

Voici en quels termes répondit l'Impératrice: „Jamais je n'ai autorisé ce vieil intrigant à agir comme il le fait; et quant
à vous, je vois dans la franchise et la
loyauté de votre conduite trop d'attachement à ma personne pour en méconnaître
le mobile."

Mon oncle répliqua en déclarant qu'il avait accompli seulement ce que lui commandait son devoir; et que c'était uniquement à Sa Majesté qu'il appartenait de réfléchir et de prévenir un coup aussi alarmant, aussi fâcheux. Après cela, il s'éloigna.

Tandis que la fermeté déployée par le Grand-Chancelier lui valait l'admiration générale et ajoutait au respect dont sa popularité était entourée, elle était cependant attribuée par Bestoucheff à une entente préalable avec l'Impératrice; oui, disait Bestoucheff, l'Impératrice s'était concertée avec lui sur le rôle qu'il devait jouer, afin de se débarrasser des importunités d'Orloff. Insinuation tout-à-fait dénuée de fondement: car l'état de souffrance de mon oncle le forçait de garder constamment la chambre et le rendait incapable d'aucune application aux affaires. Mais, par-dessus tout, la dignité de son caractère eût dû le mettre à l'abri de l'imputation de s'être prêté à jouer un rôle dans une pareille comédie.

Vers ce même temps Grégoire Orloff était élevé au rang de prince de l'Empire germanique: c'était un pas vers ce trône auquel il aspirait; et pendant que le Grand-

Chancelier travaillait ainsi à dévoiler les
artifices des partisans d'Orloff, d'autres ne
se gênaient pas pour exprimer leur indignation devant ses prétentions insolentes et
pour chercher à précipiter sa chute. De ce
nombre était M. Hetroff, l'un des plus désin-
téressés parmi ceux qui avaient conspiré
contre Pierre III. Ses manières distinguées
et sa beauté ne contribuaient pas médiocrement à enflammer la jalousie que son désintéressement avait excitée déjà dans l'esprit
des Orloffs. Un de ses cousins, M. Rgeffsky
qui, d'après les rapports qu'il avait eus avec
les deux parties pendant la révolution, était
resté dans leur confidence, et qui embrassait
soit une cause soit l'autre en tant qu'il y
trouvait son intérêt, dénonça lâchement à
Alexis Orloff le projet que Hetroff avait
conçu de préparer une ferme réponse à la
pétition de Bestoucheff et d'y faire apposer
les signatures de tous ceux qui avaient contribué à mettre Catherine sur le trône; en
même temps, Rgeffsky avertit le favori de
la vengeance que ces derniers préparaient
contre lui pour avoir dédaigné leurs avis.
En conséquence, Hetroff fut arrêté. Interrogé par Alexis Orloff qui, dit-on, le traita

avec la dernière effronterie et même avec
violence, il déclara courageusement qu'il
voudrait être le premier à plonger son épée
dans le coeur de Grégoire Orloff, quelque
certain qu'il fût que sa propre mort suivrait
cet acte, plutôt que de se soumettre à l'humiliation de le reconnaître pour son souverain et d'assister au malheur de l'Empire, seul
résultat qu'auraient eu les récents efforts
du patriotisme.

Dans un interrogatoire qui eut lieu ensuite
avec plus de publicité et que dirigea M. Souvaroff, père du fameux maréchal de ce nom,
on demanda à Hetroff s'il ne s'était pas
concerté avec moi, et quelle était mon opinion sur le sujet qui avait provoqué son
arrestation. Il répondit ainsi: „J'ai pris trois
fois la liberté de faire ma visite à la princesse Daschkoff; j'avais l'intention de solliciter son avis; mais ses préoccupations de
famille étaient de nature à ne lui permettre
de voir personne. Si j'avais été admis chez
elle, je lui eusse exposé pleinement ma manière de penser, et je suis convaincu qu'en
retour je n'eusse rien entendu sortir de ses
lèvres qui ne fût inspiré par un pur patriotisme et une dignité sincère."

Le lendemain même, M. Souvaroff ayant
rencontré mon mari à la cour, lui commu-
niqua confidentiellement cette belle déclaration de l'accusé. En reconnaissance de
quelques obligations qu'il avait au père du
prince Daschkoff, M. Souvaroff dit qu'il
s'estimait heureux de lui faire connaître un
aussi agréable résultat de l'interrogatoire
officiel.

Je reviens à nos affaires privées. A l'occasion de la mort de ma belle-soeur, nous
engageâmes la princesse douairière Daschkoff à s'éloigner du théâtre d'une aussi grande
douleur et à aller habiter la maison de son
frère le général Levontieff. Quant à moi,
je continuai de demeurer en ville, toute malade, tout accablée sous le poids de mes
pensées, sous le regret de l'inutilité de mes
derniers efforts.

Quelques semaines après, le 12 Mai (vieux
style) naquit mon fils; et le jour suivant,
mon mari fut pris d'une attaque d'esquinancie,
mal auquel il était très sujet. Les choses
étaient en cet état lorsque, trois jours après,
une lettre fut apportée au prince Daschkoff,
de la part de l'Impératrice, par Teploff son
secrétaire.

Mes oncles, les deux Panins, étaient à la maison quand Teploff arriva. Soit que Teploff ne désirât pas, en cette circonstance, se trouver avec eux, soit qu'il eût reçu l'ordre de remplir sa commission en tête à tête, toujours est-il qu'il demanda à parler au prince Daschkoff dans la rue, pour raisons qu'il lui expliquerait.

Le prince qui avait établi son lit dans la chambre voisine de la mienne, se leva sans faire le moindre bruit; et à mon insu, s'étant enveloppé de sa grande pelisse, descendit dans la rue où il reçut des mains de M. Teploff une lettre de l'Impératrice dont voici la teneur:

„Je désire ardemment que la princesse Daschkoff ne me fasse pas oublier ses services en oubliant elle-même son devoir. Rappelez-le-lui, prince, puisque j'apprends qu'elle se donne l'indiscrète liberté de me menacer dans ses conversations."

Je ne sus rien de cette affaire jusqu'au soir où j'appris que les Panins étaient en conférence secrète dans la chambre à coucher de mon mari et remarquai en outre une expression de sérénité affectée sur la physionomie de la princesse Alexandra, ma belle-

soeur, au moment où elle traversait [ma
chambre pour passer dans celle de son frère.
Il y avait dans toutes ces circonstances quelque chose de mystérieux qui m'alarma au plus
haut degré; je tremblais que la maladie du
prince n'eût pris une tournure dangereuse. Je
demandai donc à voir mes oncles, qui vinrent
à mon chevet et que, pour calmer mes appréhensions, je suppliai d'avouer le motif réel
de leur visite et de me faire connaître en sub-
stance le sens de la lettre de Sa Majesté.

Je l'avouerai, je ressentis moins l'injustice
de cette imputation extraordinaire que je
n'éprouvai d'indignation de ce que Teploff
avait forcé mon mari à sortir de son lit, l'ex-
posant à un si grand danger. Cependant je
témoignai le désir de voir cette lettre. Le
général Panin me dit que le prince Daschk-
koff avait traité la lettre comme il l'eût fait
lui-même en pareille occasion, c'est-à-dire qu'il
l'avait déchirée en cent morceaux et y
avait répondu avec la plus grande chaleur.

Je me sentis beaucoup plus calme qu'on
n'eût pu s'y attendre en cas semblable, et
je fus bien loin d'éprouver du ressentiment
envers l'Impératrice : car sachant combien
je comptais d'ennemis autour d'elle, j'avais

déjà préparé mon esprit à soutenir le choc d'attaques comme celle-ci. C'est pourquoi avec toute la mesure possible je priai le comte Panin de demander à Sa Majesté quand elle voudrait qu'eût lieu la cérémonie du baptême de mon enfant, dont elle avait offert d'être marraine. Ce que j'en faisais, c'était pour savoir si elle se rappellerait cette promesse au milieu des accusations mensongères qui m'avaient exposée à encourir sa disgrâce.

Aussitôt après le départ de mes oncles, le prince Daschkoff vint dans ma chambre; mais en dépit des rapports favorables qu'on m'avait faits et des tendres efforts de mon mari pour dissiper mes craintes, je fus tellement épouvantée en voyant l'altération de ses traits, que même lorsqu'il fut retourné se mettre au lit (et je ne lui avais pas permit de prolonger sa visite), je ne pus fermer l'oeil que bien au-delà de l'heure accoutumée. Enfin je tombai dans un sommeil fiévreux, d'où je fus tirée en sursaut par les cris et les chants effrénés d'une troupe avinée qui passait sous mes fenêtres; ces individus venaient de déboucher dans ma rue en sortant du souper orgiaque des Orloffs dont la

maison, malheureusement pour moi, était
située dans le voisinage immédiat de la
nôtre. L'horreur que j'éprouvai en m'éveil-
lant jeta un tel désordre dans toute ma
constitution, qu'après avoir presque perdu
l'usage de mes sens au sein de la terreur
que j'éprouvais, je m'aperçus que ma main
et mon pied gauche étaient paralysés. De
crainte que le danger ne fût pressant, j'envoyai ma garde chercher le chirurgien du
régiment du prince Daschkoff. Notre confiance était acquise à ce praticien. Je recommandai à la garde de l'amener sans dé-
ranger le repos de mon mari. Quand le
chirurgien fut arrivé et qu'il eut reconnu la
gravité de mon état, il perdit courage et
requit l'assistance d'un médecin et la présence
du prince Daschkoff. Cependant je résistai
sur l'un et l'autre point jusqu'à six heures
du matin; alors, me croyant au moment de
mourir, je fis demander le prince, et lui
ayant recommandé nos enfants, je le conjurai de faire de leur éducation le premier et
le plus grand de ses soins; puis l'embrassant pour la dernière fois — je le pensais
du moins, — je m'efforçai de prendre congé
de lui pour toujours.

Son maintien, l'expression de sa physionomie tandis qu'il recevait mes adieux à peine articulés, sont encore empreints dans mon coeur; et cet instant, bien qu'il semblât le dernier, fut un instant de bonheur complet. Cependant il plut à Dieu d'éloigner de moi un calice que je contemplais avec une calme résignation, et de prolonger une vie qui devait être dépouillée de tout charme par la perte de l'époux adoré auquel j'ai eu le malheur de survivre.

L'Impératrice, remplissant sa promesse, tint avec le Grand-Duc Paul mon fils sur les fonts de baptême. L'enfant reçut le nom de son parrain. Mais ni avant ni après la cérémonie, on n'envoya demander de nouvelles de ma santé.

Bientôt après, la cour retourna à Pétersbourg. Mon rétablissement fut extrêmement lent, et je restai à Moscou, où je prenais des bains froids sans beaucoup de profit, jusqu'au mois de Juillet. Le prince Daschkoff ayant été forcé alors de rejoindre son régiment à Pétersbourg et Dorpat où il tenait garnison, je me rendis à notre campagne, située à sept verstes de Moscou.

Melle Kamensky et ses soeurs partagèrent

ma solitude jusqu'en Décembre. Trouvant alors ma santé à peu près remise, je partis, en compagnie de la première de ces jeunes personnes, pour rejoindre le prince à Péters- bourg où il avait loué une maison à mon intention.

CHAPITRE IX.

Mort d'Auguste, roi de Pologne. — Conséquences politiques de cet événement. — Intérêts rivaux des Puissances européennes. — Intrigues. — Le prince Daschkoff appelé à la tête de l'armée de Pologne. — Le prince Wolchonsky. — Maladie de la prin- cesse. — Elle se retire à la campagne. — Miro- vitch. — La princesse odieusement impliquée dans les trames de Mirovitch contre Catherine. — L'Im- pératrice revient de Riga. — Ses soupçons. — Ex- plications. — Caractère de Mirovitch. — Destinée du jeune Ivan. — Procès et exécution de Mirovitch. — Accusations fausses contre Catherine relativement à Mirovitch. — Le comte Rgefsky. — Services im- portants rendus par le prince Daschkoff. — Nouvelle de sa mort, survenue à la suite des fatigues ex- cessives d'une marche. — Effet de cette nouvelle sur la princesse. — Maladie dangereuse. — Déla- brement des affaires de la princesse. — Mesures prises en conséquence. — La princesse retourne à Moscou.

Comme j'écris mon histoire personnelle et non l'histoire du temps, il serait hors de

propos de faire plus que de jeter un simple
regard sur les événements publics dont j'aurai occasion de parler.

Vers cette époque, la mort d'Auguste,
roi de Pologne et électeur de Saxe, ouvrit
un large champ à la lutte des intrigues de
l'Europe. La Maison de Saxe désirait conserver pour elle la couronne de Pologne.
Le roi de Prusse avait un intérêt différent
à sauvegarder. Quelques-uns des nobles
Polonais, gagnés aux voeux des princes
saxons, par des présents et des promesses,
soutenaient les prétentions de cette Maison;
d'autres au contraire, mus par des sentiments plus patriotiques, et voyant d'un oeil
méfiant la dangereuse politique qui, au mépris
des principes de la Constitution, avait presque
fait de la Pologne un fief héréditaire pour
la Maison de Saxe, étaient les avocats déter-
minés d'une élection nationale. La cour de
Vienne, extrêmement désireuse d'obtenir la
confiance et l'amitié de l'Impératrice de
Russie, se mêla dans la question et se déclara en faveur d'une élection; peut-être
avait-elle quelque vue secrète pour un des
princes Czartorinsky, Catherine n'ayant pas
révélé encore son désir de soutenir la can-

didature de Poniatowsky au trône vacant.
Aussitôt que l'Impératrice eut fait connaître
ce désir en conseil, le prince Orloff trouva
des raisons pour s'opposer à ce choix; tandis que le comte Zachery Tchernicheff
ministre de la guerre, d'accord avec son
frère le comte Ivan qui observait l'influence
croissante d'Orloff, s'étant mis de son côté,
sans toutefois le faire ouvertement, employèrent tous les moyens possibles, sauf
la révolte manifeste, pour paralyser les
mouvements des troupes et entraver ainsi
l'accomplissement du désir de Sa Majesté.

Enfin, lorsque approcha le jour où devait
être tenue la Diète, Sa Majesté, jugeant
qu'il convenait qu'elle mît à la tête de ses
forces en Pologne un chef qui soutînt avec
zèle ses intérêts balancés par la brigue
d'Orloff, fit choix à cet effet du prince
Daschkoff. En conséquence, elle lui donna
des ordres secrets, et elle disposa les choses
avec un si profond mystère que le prince
avait quitté Pétersbourg avant que personne
se fût douté de la mission dont il allait
s'acquitter.

Extrêmement flatté de cette preuve de
confiance, le prince apporta à remplir les

ordres de l'Impératrice le plus grand dévouement, le plus d'activité possible, et il finit
par triompher de tous les obstacles qu'il
rencontra sur son chemin. Le prince Wolchonsky, qui commandait en chef les troupes
envoyées d'abord en Pologne pour soutenir
la cause populaire, avait reçu l'ordre de ne
point s'avancer au-delà de la ville de Smo-
lensky. Mon mari eut au contraire pour
instructions de marcher sur Varsovie, avec
un corps d'une force suffisante pour toutes
les éventualités de l'expédition; de plus, il
n'avait à rendre compte des pleins pouvoirs
à lui confiés qu'à l'Impératrice et à son
premier ministre le comte Panin, jusqu'à ce
qu'il eût atteint le but de sa marche; de
cette façon, il n'aurait pas d'objections et
de difficultés à subir de la part de ses généraux et brigadiers, dont quelques-uns
étaient plus anciens de grade que lui.

L'anxiété, l'agitation d'esprit que me causaient à la fois l'absence de mon mari et
l'état de souffrance de ma petite Nastasia,
amenèrent une rechute dans ma maladie;
on dut me prescrire un changement d'air;
mais comme les lettres du prince Daschkoff
que m'apportait chaque courrier étaient de

la plus haute importance pour mon bonheur,
et que pour cette raison je désirais ne pas
trop m'éloigner des environs de Pétersbourg,
j'acceptai volontiers l'offre que me fit mon
cousin le prince Kourakin, d'aller occuper
une de ses maisons de campagne, cette
Patchina maintenant si belle, si magnifique,
qui après la mort de son propriétaire, fut
achetée par l'Impératrice. A cette époque,
ce domaine n'était pas rapproché de Pétersbourg, comme il l'a été depuis par la
route qui a abrégé considérablement la distance.

J'y demeurai avec mes deux enfants et
Melle Kamensky dans une profonde retraite
jusqu'au jour où l'Impératrice revint de Riga. Rarement je sortais de la maison, si
ce n'est pour aller à cheval prendre l'air
tout-à-fait aux environs; et afin de faire
le moins de dépense possible et de me
soustraire aussi le plus possible aux visites
durant l'absence de mon mari, je n'occupai
qu'une aile de cette spacieuse habitation,
celle où se trouvait un bain froid pour mes
enfants. J'offris la meilleur partie de la
maison au général Panin, qui venait d'être
nommé sénateur et conseiller d'Etat. Il y

demeura quelque temps, puis il accompagna
l'Impératrice dans son voyage de Riga.
Pendant le séjour qu'il fit auprès de moi,
il eut à voir chaque matin quantité de personnes que lui attiraient les fonctions dont
il était chargé; mais bien que nous vécus-
sions sous même toit, nous étions complète-
ment séparés, et nous avions chacun nos
portes distinctes aux deux extrémités de la
maison.

Comme ses heures de travail matinal pré-
cédaient celle où je m'éveillais, jamais je
n'eus occasion de voir ou d'entendre les
personnes qui venaient le demander; jamais,
par exemple, mes rêves ne furent inter-
rompus par l'idée que Mirovitch fût de ce
nombre; Mirovitch qui depuis fit tant parler
de lui par son fol et criminel projet de
placer sur le trône de Russie le jeune Ivan
qui dès son enfance avait été tenu captif
dans la forteresse de Shlusselbourg. Les
visites de cet homme dans la maison que
j'habitais ouvrirent un vaste champ aux
soupçons qui s'élevèrent contre moi, et elles
exposèrent à de nouvelles injustices mon
caractère et mes principes soit méconnus
soit défigurés à dessein. J'en ressentis un

profond chagrin, oubliant que j'avais trop
fait pour l'Impératrice et trop peu pour moi
pour ne m'être pas rendue l'objet de l'envie
et le, but de la calomnie.

Peu de temps après que la cour fut revenue de Riga, je retournai à Pétersbourg.
Dès que le général Panin qui était également rentré en ville, se fut installé dans
sa maison, il y fut rejoint par son aimable
femme qui précédemment résidait à Moscou.
J'avais une sincère et digne amie dans cette
femme respectable; je passai avec elle la
plus grande partie de mon temps; car son
mari était souvent forcé de s'absenter, et
ses devoirs à la cour l'occupaient beaucoup.
Elle joignait à une nature pleine de douceur
des qualités qui eussent fait envie à son
sexe; mais sa mauvaise santé, conséquence
d'une affection pulmonaire qui avait fait d'a-
larmants progrès depuis le jour où je l'avais
laissée à Moscou, la confinait dans un petit
cercle d'intimes dont malheureusement elle
ne continua pas longtemps à faire les déli-
ces et l'admiration.

Un jour, mon oncle le général Panin me
parlant de Mirovitch, m'apprit que la catastrophe qui décida du sort du malheureux

Ivan avait été annoncée à l'Impératrice,
pendant son séjour à Riga, par une lettre
d'Alexis Orloff: Sa Majesté, me dit-il, lut
cette lettre avec une grande émotion, et en
ayant communiqué le contenu à Yellagin
son premier secrétaire, elle fit remarquer
le post-scriptum où il était dit qu'on avait
vu fréquemment Mirovitch entrer dans la
maison de la princesse Daschkoff à une
heure très matinale. Yellagin certifia à Sa
Majesté qu'il devait y avoir une erreur. Il
est impossible, dit-il, que la princesse Daschkoff qui vivait dans une si profonde retraite,
ait eu des conférences avec un homme tel
que Mirovitch, qu'elle eût nécessairement
considéré comme un fou, pour peu qu'elle
l'eût connu.

Le sentiment de justice et d'honneur qui
poussa Yellagin à embrasser tout d'abord
ma défense ne se borna pas là. Yellagin
se rendit immédiatement chez le général
Panin pour lui exposer l'affaire et apprendre
de lui ce qui avait pu fournir matière à l'assertion d'Orloff. Mon oncle expliqua pleinement ces visites mystérieuses; il le chargea
d'instruire l'Impératrice qu'on avait pu en
effet voir souvent Mirovitch venir dans ma

maison; mais que l'objet qui l'y attirait se
rapportant au Sénat, c'était à lui seul Panin
que Mirovitch avait affaire; et que si Sa
Majesté désirait avoir de plus amples infor-
mations sur le caractère de cet insensé, personne plus que lui n'était à même d'en fournir, car il avait eu longtemps Mirovitch en
qualité d'adjudant dans son régiment. M.
Yellagin ne perdit pas une minute pour faire
son rapport. L'Impératrice manda mon oncle auprès d'elle; et si elle fut bien aise
de m'entendre totalement disculper, sa satisfaction dut être un peu diminuée par le portrait que le général lui traça du misérable
Mirovitch: car tandis qu'il le représentait
comme un homme sans éducation, présomp-
tueux à travers son ignorance et entrepre-
nant faute de mesurer les conséquences de
ses actions, il était impossible que l'Impératrice ne reconnût point dans ce portrait
l'image frappante de Grégoire Orloff.

Je ne pouvais voir sans chagrin et même
sans pitié l'influence inqualifiable exercée sur
l'esprit de l'Impératrice et qui faisait planer
les plus injustes soupçons sur les meilleurs
patriotes, sur les plus fidèles partisans de
Sa Majesté. Quand Mirovitch fut exécuté,

bien loin de déplorer son sort comme complice, je bénis mon heureuse étoile qui m'avait
permis de ne jamais voir un homme dont
le souvenir toujours vivant eût glacé mon
imagination en lui offrant l'image du premier
criminel qui, à ma connaissance, eût été
puni de mort en Russie. Son procès, qui
fut instruit avec la plus grande publicité
dans le sein du Sénat, devant tous les
présidents et vice-présidents de province
et tous les généraux de division présents
à Pétersbourg, ne laissa aucun doute en
Russie sur la réalité des faits et sur les
motifs de la conduite de Mirovitch. Comme
la dernière révolution s'était effectuée avec
tant de rapidité et si peu d'obstacles, ce
cerveau brûlé de Mirovitch jugea qu'il serait
peu difficile de détrôner une souveraine;
et pour devenir le héros du jour, il se mit
en tête d'entreprendre lla restauration d'un
prince qui fut la victime déplorable de sa
sottise et de sa démence.

On a dit, on a affecté de croire de plusieurs côtés en Europe, que toute cette affaire
n'avait été ni plus ni moins qu'une horrible
intrigue ourdie par l'Impératrice qui aurait
engagé Mirovitch à jouer le rôle qu'il remplit,

et l'aurait ensuite sacrifié. Pendant mes premiers voyages, en 1770, je ramenai souvent
dans le cours de la conversation le sujet de
cette conspiration, afin de disculper Catherine de l'injustice et de la noirceur d'une
pareille accusation. Partout et principalement en France, je remarquai que les nations,
voyant d'un oeil jaloux la prépondérance
croissante de la Russie, semblaient trouver
leur intérêt commun à faire passer dans le
domaine de la vérité, comme une sorte de
contrepoids politique, toutes les calomnies
débitées contre une souveraine active et
éclairée. Je me rappelle qu'étant à Paris
et causant de ce sujet, je témoignai mon
étonnement (ainsi que je l'avais fait précédemment, à Spa, devant M. et Mme Necker),
de ce qu'une nation telle que la France qui
avait eu pour ministre le cardinal Mazarin,
se permettait d'envisager de la sorte un
acte de cette nature et s'en préoccupait
tant, lorsqu'il était si facile de signaler dans
ses propres annales le précédent assez effi-
cace de quelque poison bien apprêté pour
arranger ces petites affaires avec bien autrement de secret et de rapidité.

Le comte Rgefsky, ambassadeur de Po-

logne, était le seul étranger que j'admisse
chez moi; je pouvais par lui avoir fréquemment des nouvelles de mon mari. Il me
disait à quel point le prince Daschkoff con-
tribuait par son activité à l'accomplissement
des projets de l'Impératrice, quels importants services il rendait à Poniatowsky, et
que par sa conduite personnelle et son esprit
de discipline il avait gagné l'affection et la
confiance de toutes ses troupes. Ceci, me
disait-il, était parfaitement connu de Sa
Majesté, qui parlait fréquemment, et toujours
avec éloge, de son petit feld-maréchal, ainsi
qu'elle avait l'habitude de l'appeler. Mais
hélas! le ciel ne permit pas qu'il vécût assez
pour recevoir la récompense de ses services
et du noble désintéressement qui là, comme
partout, le distinguait.

Dans le mois de Septembre, peu de jours
après la réception de la dépêche qui an-
nonçait l'élévation de Poniatowsky au trône
de Pologne, un courrier envoyé par le comte
Keyserling, notre ambassadeur à Varsovie,
apporta la nouvelle que le prince Daschkoff, attaqué d'une violente fièvre et n'ayant
voulu prendre aucun repos ni interrompre
ses marches forcées, avait succombé sous

l'étreinte du mal, et qu'il avait ainsi, dans l'accomplissement du devoir, sacrifié sa vie à son zèle et à son ardeur. Cet événement, coup terrible dans ma destinée, fut connu et déploré de toute la ville avant de m'avoir été révélé.

Un matin, ma tante, la femme du général Panin vint me voir et me proposa de m'emmener dans sa voiture. Elle était plus pâle encore que d'ordinaire, et sa contenance témoignait d'un profond abattement. Je craignis que sa maladie n'eût fait des progrès rapides; et en conséquence je m'empressais de l'accompagner là où elle voudrait me conduire. J'étais loin de me douter que moi même j'étais le malheureux objet de sa compassion. En arrivant chez elle, nous fûmes reçues par mes deux oncles avec une physionomie qui déguisait mal leur embarras et leur chagrin. Le secret fatal était sur leurs lèvres, mais le dîner se passa sans qu'aucun d'eux eût eu le courage de m'en instruire. Enfin on me le dévoila peu à peu, avec toute la tendresse de l'amitié: je l'entendis, et je devins insensible à toute chose . . . .

Je demeurai quelques heures dans cet état

comparativement heureux. Enfin je retrouvai le souvenir, et avec lui le sentiment exact de mon infortune. J'embrassai mes enfants qu'on m'avait amenés tout exprès; je les embrassais avec des transports de douleur, puis je retombai dans une espèce de torpeur, où je restai plusieurs jours entre la vie et la mort. Ma tante, la meilleure des femmes, ne s'était point bornée à m'envoyer, dans les premiers moments de mon affliction, mes enfants avec leurs serviteurs et les miens, mais elle m'établit dans son propre appartement et, sans s'inquiéter du délabrement de sa propre santé, elle veilla sur moi jour et nuit avec une tendresse assidue, jusqu'à ce que le danger fût passé.

Melle Kamensky ne me montra pas moins d'affection et de zèle; grâce à leurs soins et à l'habilité de mon digne médecin M. Krouse ma vie fut sauvée; mais hélas! à quoi bon? Je ne revenais à l'existence que pour songer à ce que j'avais perdu et pour contempler le vide effrayant qui s'était fait dans mon avenir!

Je fus rappelée de cet état moral à la sympathie et à l'activité par un nouveau sujet de chagrin. Le mal de ma tante em-

pira : ce fut à mon tour de lui témoigner
les attentions dont elle m'avait comblée.
Bientôt elle se vit confinée dans son lit
d'où elle ne sortit plus. Chaque jour je
m'établissais dans son appartement; jusqu'au
moment où j'eus la douleur de perdre cette
tendre et inestimable amie.

Ce fut seulement quelque temps après être
revenue chez moi, — car on m'y avait immédiatement renvoyée à la suite du décès de
ma tante, — que j'appris l'état de désordre
où étaient les affaires du prince Daschkoff.
Sa générosité naturelle et peut-être aussi
les dépenses qu'il avait cru devoir faire
pour la mission dont il avait été chargé
par l'Impératrice, l'avaient jeté dans de
grandes dépenses ; il avait contracté des
dettes en prêtant de l'argent et répondant
pour des officiers inférieurs, afin de prévenir
le plus possible les vexations auxquelles
serait nécessairement exposé le peuple dont
il désirait ménager l'esprit.

En l'absence de mon frère Alexandre,
alors ministre plénipotentiaire en Hollande,
j'eus à regretter le seul membre de la famille dont l'affection cordiale et invariable
pût me donner, dans un pareil moment, con-

solation et appui. Je me trouvais seule, à
vingt ans, en face d'une perte qui me laissait inconsolable; et tandis que j'étais en
butte à toutes ces calomnies qui assiégent
les plus hauts rangs de la société, j'étais
condamnée à lutter contre les difficultés et
les privations qui sont le propre des classes
infimes.

Mon unique ressource pour trouver quelque
bon avis, quelque assistance, était dans mes
deux oncles les comtes Panin, à l'aîné desquels mon époux mourant avait écrit pour le
prier de vouloir bien veiller sur nos enfants
et rétablir nos affaires en désordre, sans
perdre de vue le bien-être et l'indépendance
de sa famille tout en respectant les intérêts
des nombreux créanciers. Cet appel à l'affection de l'oncle ne fut pas fait en vain.

Les deux frères s'engagèrent à remplir
du mieux qu'il leur serait possible le .de-
voir qui n'était imposé qu'à un seul; insis-
tèrent sur la convenance qu'il y aurait à
ce que je restasse conjointement avec eux
en possession de mes enfants et de leur bien.
Ils pensèrent qu'en habitant désormais notre
propriété à Moscou, je pourrai mieux qu'eux
la connaître et la faire valoir, quelque bonnes

que fussent leurs intentions, empêchés comme
ils l'étaient par les emplois publics qui
exigeaient leur séjour à Pétersbourg.

L'aîné des comtes Panin, se disant que
l'Impératrice n'attendait que l'occasion de
me rendre un service, l'informa de l'état de
mes finances et sollicita un oukase qui nous
permît, comme curateurs, de vendre quelques-
unes des propriétés pour payer les dettes
de mon mari. J'appris avec infiniment de
peine cette démarche; et quand il eut été
fait droit à la demande, bien loin d'user de
cette faveur impériale, je jurai solennellement de vivre à jamais de pain et d'eau
plutôt que de vendre un pouce du patri-
moine qui appartenait à mes enfants.

Je passai à Pétersbourg dans le deuil et l'affliction le premier hiver de mon veuvage. Cependant mes nouveaux devoirs m'imposèrent
beaucoup d'occupations. Je fis un état exact
de toutes les dettes du prince Daschkoff; je
donnai à trois des principaux créanciers, comme à compte, le peu de bijoux que je possédais et toute notre argenterie, à l'exception
du nombre de cuillers et de fourchettes indispensable pour l'usage de quatre personnes. J'é-
tais bien résolue à persévérer dans ce système

d'économie et de privations personnelles qui devait me permettre de satisfaire toutes les réclamations sans faire aucun tort à mes enfants et sans rien demander à la Couronne.

Mon voyage à Moscou, que je désirais accomplir ce même hiver, avant la fonte des glaces, fut retardé par le mauvais état de ma santé; puis, au moment où je commençais à me rétablir, ce fut mon fils qui tomba malade et fut alité jusqu'aux premiers jours de Mars. Immédiatement après mon arrivée dans cette ville, je témoignai mon désir de m'établir dans la propriété que nous possédions aux environs et je m'arrangeai en conséquence: mais la maison tombait littéralement en ruine. Cependant comme la charpente était encore en état de servir, je m'en servis pour me faire construire un petit cottage en bois: on le bâtit si activement, qu'il était prêt pour nous recevoir dès le commencement de l'été.

Ainsi que je l'ai dit plus haut, j'avais, à Pétersbourg, disposé de toute mon argenterie et de mes bijoux. Je réduisis ma dépense annuelle à cinq cents roubles: mobilier, habillement, manière de vivre, tout fut accommodé strictement à ce règlement nouveau. Je de-

vins mon propre intendant, ma bonne d'enfants,
ma gouvernante, ma garde et par ma persé-
vérance dans ce système d'économie, aussi
bien que par une active surveillance du revenu
de mes enfants, je pus reconnaître, vers la
fin de la cinquième année écoulée depuis la
mort du prince Daschkoff, qu'il ne restait plus
qu'une minime partie de la dette.

En me reportant pour un moment à cette
époque de ma vie, je ne puis me défendre
d'un sentiment de surprise et de satisfaction:
jeune comme je l'étais, veuve à vingt ans,
accoutumée dès mes plus tendres années
au luxe et à la dépense, comment ai-je pu
m'appliquer avec une telle rigidité de principes aux soins vigilants de la maternité
et à tous les devoirs du malheur! Mais il
en fut ainsi; et tous les sacrifices trouvèrent
une ample compensation dans le pur témoignage de ma conscience, cette source d'où
je tirai alors et d'où j'ai continué à tirer le
seul plaisir qui soit sans mélange.

Dans ma seconde année de retraite, j'é-
prouvai un certain chagrin en découvrant
que la maison que nous avions habitée autrefois à Moscou et que je croyais appartenir
à mes enfants comme le reste du bien pa-

ternel, avait, par suite d'une erreur ou de
quelque omission dans le contrat lorsque
le père du prince Daschkoff l'avait achetée,
été laissée à la disposition de la mère de
mon mari, et que celle-ci, en se retirant dans
un couvent pour y finir ses jours, avait donné
cette maison à sa petite-fille Melle Gleboff.
A certains égards, ce n'était pas pour moi
une grande perte: cependant, comme il fallait absolument que nous eussions un lieu
de séjour à Moscou. pour l'hiver, cela me
réduisait à la nécessité d'acheter un petit
lot de terrain dont j'avais fait choix déjà
dans la même rue, et sur lequel se trouvaient les restes d'une maison en ruine; là je
dus faire construire un bâtiment en bois sur
une échelle bien plus convenable à ma position présente que ne l'eût été la maison
dont on m'avait privée. Je ne gardai aucun
ressentiment envers ma belle-mère, quoiqu'en cette circonstance j'eusse bien quelque
raison de me plaindre de son injustice; et
pour éviter toute discussion sur un sujet
qui eût pu trahir mes sentiments réels, je
résolus intérieurement de ne prononcer jamais en sa présence le mot de maison,
aussi longtemps qu'elle vivrait. Je crois

n'avoir manqué qu'une fois à ce serment;
ce fut deux ou trois ans plus tard. Il arriva que l'appartement qu'elle occupait au
couvent ayant eu besoin de réparations, et
que Gleboff son gendre n'ayant pu la recevoir chez lui, j'eus le plaisir de mettre à
la disposition de la princesse douairière une
maison voisine de la mienne et que précisément je venais d'acheter à des conditions
très avantageuses.

CHAPITRE X.

Excursion de la princesse à Kiow, en 1768. — Le général Voyckoff, gouverneur. — Le couvent de Petchersky. — Singulier usage. — L'Université de Kiow. — Son histoire primitive. — Retour de la princesse à Pétersbourg, en 1769. — Anniversaire de la Révolution. — Entrevue avec l'Impératrice. — Retour à Moscou. — Préparatifs pour un voyage à travers l'Europe. — Don impérial; comment il est reçu. — Itinéraire. — La princesse visite Riga et Dantzig. — Curieuse affaire dans cette dernière ville. — Comment on regagne une bataille perdue. — Berlin. — Le prince Dolgorouky. — Présentation de la princesse et son effet à la Cour. — Faveur extraordinaire témoignée à la princesse. — La Reine et sa soeur. — La princesse visite Aix-la-Chapelle et Spa. — Elle fait connaissance avec M. Necker et lord et lady Sussex. — Elle apprend l'anglais. — Mistress Hamilton et Mistress Morgan. — La princesse visite l'Angleterre. — Son arrivée à Londres. — Elle visite Bath, Bristol etc. — Son retour à Londres. — Elle fait connaissance avec le duc et la duchesse de Northumberland.

En 1768, je sollicitai la permission de voyager à l'étranger. J'espérais qu'un changement d'air et d'aspect profiterait à la santé de mes enfants, qui étaient extrêmement délicats. Mais ce fut en vain que je postulai; mes lettres restèrent sans réponse. Je fis cependant, cet été-là, une excursion à Kiow, ne m'astreignant pas toujours à suivre la route directe, mais la quittant fréquemment pour visiter aux alentours des sites, des

localités, des points curieux; et ce n'était pas
l'objet le moins digne de remarque que les
colonies allemandes fondées par l'ordre de
Sa Majesté. Mon séjour à Kiow fut rendu
très agréable par les attentions du gouverneur le général Voyekoff, parent de mon
mari. C'était un homme singulièrement bien
informé qui ayant été employé près diverses
cours pour affaires de diplomatie pendant
la meilleure partie de sa vie, avait beaucoup
voyagé et appris à envisager les hommes
et les choses sous leur véritable jour. Le
charme de sa conversation, auquel se joignait
comme complément précieux une grande vivacité d'esprit qu'il avait conservée dans un
âge avancé, rendait sa société extrêmement
agréable et instructive. Chaque jour j'étais
chez lui; il me servit de guide, de cicérone
dans une visite aux catacombes, excavations
nombreuses qui ont été pratiquées au centre
d'une montagne sur laquelle est bâtie une
partie de la ville. Dans ces caveaux on
voit les corps des saints qui vécurent et
moururent il y a bien des siècles; ces
corps sont dans un état de conservation
merveilleuse.

Le général me mena également à l'église

cathédrale qui se trouve dans l'enccinte du couvent de Petchersky. Elle est remarquable par la mosaïque ancienne qui en décore les murailles. Dans une des belles églises dont abonde cette ville se trouvent nombre de peintures à fresque. Elles représentent plusieurs conciles tenus à Kiow avant le schisme qui éclata dans l'Eglise romaine. Cette cité a possédé longtemps des académies et une université où plusieurs centaines d'étudiants étaient élevés aux frais du trésor public. Pour aider aux dépenses, il y avait une coutume que je trouvai encore en vigueur: les écoliers s'en allaient par groupes, chaque soir, chanter des hymnes et des psaumes sous les fenêtres des habitants qui jetaient quelque monnaie dont ces jeunes gens rendaient un compte fidèle à leurs professeurs.

Les sciences furent apportées de Grèce à Kiow bien avant l'époque où elles furent connues de la plupart des nations européennes qui aujourd'hui décernent si libéralement à nos concitoyens le titre de barbares. La philosophie de Newton elle-même fut enseignée dans ces écoles, tandis que l'intolérance catholique-romaine ne permettait pas qu'elle pénétrât en France.

Dans ce petit voyage qui remplit près
de trois mois je fis environ trois mille verstes
et je fus charmée de trouver que cette excursion avait parfaitement répondu à mon
dessein sans entraîner aucune dépense exagérée.

L'année suivante (1769), je me rendis à
Pétersbourg, déterminée à faire à la Cour
des démarches efficaces pour obtenir la permission de voyager à l'étranger. Comme
noble russe, j'avais plein droit d'aller à
où bon me semblait; mais comme dame
d'honneur de Sa Majesté, cette permission
était nécessaire. J'attendis cependant pour
adresser aucune demande nouvelle à l'Impératrice que je pusse le faire en personne;
ce que je résolus d'accomplir au jour anniversaire de la révolution, qu'on devait célébrer dans le palais de Péterhoff.

Ce jour-là, je me présentai à la Cour et,
pendant le bal, pour n'être point surveillée
et ne pas perdre ainsi l'occasion que je
cherchais, je travaillai à me placer comme
par hasard dans un groupe d'ambassadeurs
étrangers; et je causais avec quelques-uns
d'entre eux quand l'Impératrice s'approcha.
Après leur avoir dit deux ou trois mots, Sa

Majesté s'adressa à moi. Sitôt que j'eus répondu et avant qu'elle eût eu le temps de se retourner, je lui fis connaître l'objet de mon désir en lui demandant la permission de voyager deux années en pays étranger, en égard à la faible santé de mes enfants. „Je regrette infiniment, Madame, répondit-elle, la cause qui vous fait désirer de voyager; mais assurément vous êtes votre maîtresse, et vous pouvez disposer de vous-même ainsi qu'il vous plaira."

Comme l'Impératrice s'éloignait je priai le chambellan Talitzen d'informer le ministre (le comte Panin) qu'il n'avait qu'à faire préparer mon passeport, puisque Sa Majesté consentait à ce que mon départ ne fût pas différé plus longtemps. Ce point étant acquis, je quittai Pétersbourg et me hâtai de retourner à Moscou pour mettre ordre à mes affaires et m'occuper de mes préparatifs de voyage.

Sur le chapitre des frais, qui avait fixé l'attention de mes deux oncles et d'autres amis intimes, ma résolution était déjà arrêtée. J'avais l'intention de prendre en voyage le nom de madame Michalkoff. C'était celui d'un petit bien situé près de Moscou et

appartenant à mes enfants. J'avais songé
à régler mes dépenses en conséquence.
Voyager incognito, c'était certainement ce
qui convenait le mieux à l'état de mes
finances et aussi, pensais-je, au but même
de mon voyage. Je désirais voir les choses
par mes propres yeux, afin de pouvoir me
fixer dans le lieu, quel qu'il fût, qui me
paraîtrait le plus convenable pour l'éducation de mes enfants; bien convaincue que
si je restais dans mon pays, l'indulgence
des parents et la flatterie des domestiques,
sans compter le manque de bons professeurs,
dérangeraient tous mes plans et tous mes
voeux pour le seul objet que j'eusse désormais à coeur.

A mon retour à Pétersbourg, en Décembre, j'usai d'une telle diligence pour les
préparatifs de mon voyage, que le même
mois j'étais prête à partir. Au moment de
quitter Pétersbourg, je reçus un matin la
visite d'un sous-secrétaire d'Etat qui venait
m'offrir, de la part de Sa Majesté, quatre
mille roubles. Bien que je fusse surprise
et ne pusse m'empêcher d'éprouver une profonde indignation devant un présent aussi
misérable, je ne jugeai pas prudent d'irriter

l'Impératrice par un refus absolu. Je priai
donc le secrétaire d'attendre un moment, et
lui ayant montré deux petites notes d'objets
nécessaires pour mon voyage, je l'invitai à
en laisser le montant sur ma table et à em-
porter le reste de la somme.

Ainsi que je viens de le dire, j'étais
prête à commencer mes voyages dès le
mois de Décembre, et je ne perdis pas de
temps pour m'éloigner. Notre personnel
consistait en Melle Kamensky, mes deux enfants, et M. Worontzow, un de mes proches
parents, qui appartenait à l'ambassade russe
de La Haye.

Nous nous arrêtâmes quelques jours à
Riga ou nous louâmes un de nos véhicules
nationaux pour nous transporter jusqu'à
Berlin; mais avant de quitter Koenigsberg
où nous avions passé une semaine auprès
de la comtesse Kirsirling, nous fûmes obligés d'abandonner nos traîneaux et d'avoir
recours aux roues, bien que les roues eussent
beaucoup de peine à labourer les routes
sablonneuses de la Prusse.

, A Dantzig, où nous devions rester une
couple de nuits, nous logeâmes à l'hôtel
Russe, le plus important de la ville. Dans

la salle à manger, je fus frappée de deux
peintures représentant des batailles perdues
par les troupes russes qu'on voyait en mon-
ceaux de morts et de mourants, ou bien à
genoux et demandant grâce aux Prussiens
vainqueurs. Je fus tellement scandalisée de
la figure que faisaient là mes compatriotes,
aux yeux des voyageurs de toutes nations
qui fréquentaient l'hôtel, que je m'imaginai
de faire des reproches à M. Rebender, notre
chargé d'affaires, pour avoir souffert l'existence d'un aussi abominable monument de
nos défaites. Il répondit gravement qu'il
était tout-à-fait hors de ses moyens de
redresser des griefs de cette nature. „Mais,
Madame, dit-il, vous n'êtes pas la seule
personne que la vue de ces batailles ait
choquée: Alexis Orloff, en passant dernièrement à Dantzig, descendit à ce même
hôtel, et ces peintures ne lui causèrent pas
moins d'indignation qu'à vous.“ — „Alors,
dis-je, pourquoi ne les a-t-il pas achetées,
à quelque prix que ce fût, pour les jeter au
feu? . . . Si j'avais la vingtième partie de
sa fortune, j'agirais ainsi en ce moment;
mais puisqu'il n'en est rien, j'aurais recours à
un moyen qui peut-être réussira aussi bien.“

Dès que notre résident nous eut quittés,
je donnai commission à MM. Woltchkoff et
Schtellin (qui appartenaient à notre ambassade de Berlin et ·nous accompagnèrent
jusqu'à cette ville) de m'acheter quelques
couleurs à l'huile, du bleu, du vert, du rouge
et du blanc. Aussitôt que le souper fut
terminé, et quand nous eûmes solidement
barricadé les portes, ces messieurs qui sa-
vaient bien tenir un pinceau, m'aidèrent à
regagner les batailles perdues en changeant
le bleu et le blanc des vainqueurs prussiens
contre les uniformes verts et rouges de nos
héros russes. Il nous en coûta toute la
nuit pour achever cette double victoire; et
ce ne dut pas être une petite surprise et
·un mince sujet de curiosité pour les bonnes
gens de la maison que d'apprendre que trois
personnes de notre société s'étaient ainsi
enfermées ensemble, et que leurs sombres
chambres, jusqu'à présent le lieu de refuge
du voyageur fatigué et bâillant, avaient
été illuminées toute la nuit et étaient deve-
nues tout-à-coup le théâtre d'une réjouis-
sance mystérieuse. Pour ma part, l'idée
m'enchantait tellement, que j'étais comme
un enfant espiègle, à la fois tremblant et

triomphant de sa malice. Le lendemain, je
laissai mes malles ouvertes sur ce même
champ de bataille, seule excuse que je pusse
donner pour en éloigner tout le monde,
hors les personnes de ma société et les
deux compagnons de mes prouesses.

Le jour suivant, nous continuâmes notre
voyage; mais je ne partis pas sans avoir
montré à M. Rebender cette revendication
par la peinture de notre honneur national.
Nous nous divertîmes singulièrement, chemin faisant, en songeant à la surprise que
causerait à notre stupide hôtellier cet étrange
retour du sort des batailles.

Je passai deux mois à Berlin de la manière la plus agréable. Le prince Dolgorouky était notre ministre près cette cour.
C'était un homme universellement aimé et
estimé, et personne plus que lui ne méritait
de l'être. Il nous combla de toutes les
attentions polies que pouvait lui inspirer sa
franche et bienveillante nature, et il se montra constamment bon pour nous sans affec-
tation ni parade.

J'ignore en quoi je pouvais piquer la curiosité de la Reine et des princesses; mais
à ce qu'il me sembla, elles se joignirent

souvent au prince Henry et à son aimable
femme pour presser notre ambassadeur de
me présenter à la Cour. Je m'excusais toujours en me rejetant sur l'étiquette prus-
sienne qui ne permettait à personne d'être
reçu sous un nom d'emprunt; et comme
j'avais pris le mien par un motif d'économie qui devait présider à mes voyages,
j'eusse eu par trop l'air d'une aventurière
si pour céder à une tentation j'avais tout-
à-coup changé mes plans à cet égard
Quand le comte Finkerstein, ministre des
affaires étrangères, alla à Sans-Souci rapporter ma réponse au roi, Sa Majesté s'exprima ainsi: „Dites-lui que l'étiquette est
chose sans importance, et que la princesse
Daschkoff peut être reçue à la Cour de
Prusse sous quelque nom que ce soit, et de
la manière qu'elle jugera convenable.“

Le lendemain, je dînai chez M. Mitchel,
l'envoyé britannique. J'y rencontrai le comte
Finkerstein et j'appris par lui les termes
flatteurs du message que lui avait confié le
grand Frédéric. Il n'y avait plus moyen
de se soustraire aux invitations royales.
Je dus donc me résigner à la dépense d'une
robe noire neuve, et j'allai à la Cour. Je

reçus de Sa Majesté l'accueil le plus distingué; elle m'invita à rester au souper.
Le prince et les princesses ne me témoignèrent
pas moins d'attentions; et à partir de ce
moment, durant tout mon séjour à Berlin,
ils me montrèrent une telle bienveillance,
et les invitations que je reçus d'eux furent
si multipliées, qu'il me fut très rarement
possible de me montrer ailleurs et de prendre
d'autres distractions.

Si j'avais à faire connaître la cause première de la faveur dont je fus l'objet de
la part de la Reine et de sa soeur, je pourrais penser que mon plus grand mérite à
leurs yeux provint de la circonstance suivante: toutes deux avaient un malheureux
défaut de prononciation, une espèce de bé-
gaiement si prononcé, qu'il fallait absolument
qu'un chambellan se tînt en guise d'inter-
prète entre elles et tout étranger qui leur
était présenté. Par bonheur, je saisis si
rapidement leur façon de parler et pus répondre si vite à ce qu'elles me disaient
que j'eus l'air de ne m'être point aperçue
de cette imperfection, ce qui les mit complétement à l'aise vis-à-vis de moi, satisfaction qu'elles éprouvaient rarement.

La soeur de la Reine était veuve du prince royal et mère de la princesse d'Orange ainsi que du prince qui succéda au grand Frédéric; je dis g r a n d, et je crois pouvoir l'appeler ainsi s'il est vrai qu'un génie supérieur et qu'une constante sollicitude pour les intérêts de son peuple auquel ses passions mêmes furent utiles, aient pu lui mériter un si beau titre.

Comme nous touchions à la saison où l'on boit les eaux d'Aix-la-Chapelle et de Spa, je quittai Berlin, et ce fut avec regret, car je conserverai toujours pour cette ville des sentiments de reconnaissance et d'agréable souvenir. Nous ne fîmes que traverser à la hâte la Westphalie qui me sembla moins laide que ne l'a représentée le baron de Bar dans ses lettres intéressantes.

Nous ne restâmes à Hanovre que le temps nécessaire pour réparer nos voitures. Justement on représentait un opéra le soir même de notre arrivée. Je m'y rendis, en compagnie de Mme Kamensky; nous avions laissé à l'hôtel M. Worontzow qui était souffrant. Notre seul domestique était Russe et il ne savait pas parler d'autre langue que celle de son pays; par conséquent, il ne pouvait

trahir notre identité. Je pris cette précaution pour avoir entendu dire au prince Ernest
de Mecklenbourg que son frère aîné, gouverneur de la ville, désirait savoir quand
j'arriverais à Hanovre; or je n'avais pas le
moindre désir de faire connaissance avec
lui, puisque mon intention était de garder
l'incognito. Deux dames étaient assises déjà
dans la loge où nous entrâmes; elles mirent
beaucoup d'empressement et de politesse à
nous faire place, bien que la loge fût très
suffisamment grande, afin que nous fussions
à l'aise autant que possible. A la fin du
premier acte, je remarquais qu'un jeune
officier quittait la loge du prince; il entra,
bientôt après, dans celle où nous nous trou-
vions. Après avoir adressé quelques mots
à nous et non à nos voisines: „Mes dames,
dit-il, avec un ton et des manières dégagés,
vous paraissez être étrangères?" — „Oui,
Monsieur." — „Son Altesse désire savoir à
qui j'ai l'honneur de parler." — „Monsieur,
répondis-je, c'est chose peu importante soit
pour vous soit pour Son Altesse; et puisque
nous sommes des femmes, nous pouvons,
j'imagine, revendiquer pour une fois le privilége de retenir nos langues et par con-

séquent de refuser de répondre à votre
question." Il parut un peu déconcerté et
s'éloigna. Les deux dames nous regardaient
toutes stupéfiées. J'avoue que ma réprimande avait été passablement sévère; mais
je ne saurais contenir l'antipathie naturelle
que m'inspire l'effronterie d'un fat. Vers la
fin du spectacle, je priai Melle Kamensky de
ne point démentir ce que j'allais dire; puis,
me tournant vers les dames hanovriennes,
je leur donnai à entendre que si j'avais refusé de répondre à la question plus qu'im-
pertinente de l'aide de camp du prince, cependant, comme elles nous avaient traitées
avec infiniment de politesse, je ne leur
cacherais pas à elles que nous étions par
profession moi cantatrice de théâtre, et ma
compagne danseuse, et que nous voyagions
à la recherche d'un engagement avantageux.
Melle Kamensky ouvrit de grands yeux éton-
nés, et quant aux dames, qui d'abord avaient
été si polies, elles changèrent de ton et
firent un mouvement autant que le permettaient les dimensions de la loge, pour nous
tourner le dos.

Notre séjour dans le Hanovre ayant été
si limité, je n'ai rien à dire de cet élec-

torat, si ce n'est qu'il paraît posséder une
belle race de chevaux, qualité distinctive
qui s'étend jusqu'aux chevaux des paysans,
et qu'en outre cette contrée est cultivée
avec soin.

A Aix-la-Chapelle, je m'établis dans une
maison située en face des salles publiques
et des bains. Le plus agréable souvenir que
j'aie gardé de cette ville, est celui de la
connaissance que j'y fis de deux Irlandais
fort distingués, M. Collins et le colonel
Nugent, officiers retirés qui avaient autrefois servi en Hollande. Ces gentlemen (dont
le dernier était le frère du ministre de ce
nom qui fut envoyé de Vienne à Berlin),
faisaient chaque jour partie de notre société,
et leur vivacité et leur grâce d'esprit y
jetaient un grand charme.

D'Aix, je me rendis à Spa, lieu fécond
pour moi en souvenirs délicieux; car ce fut
là que je formai une liaison intime avec
mistress Hamilton, fille de M. Ryder, archevêque de Tuam, et mistress Morgan, fille
de M. Tisdale, solliciteur-général en Irlande.
Cette intimité devint bientôt une amitié qui
durant trente-cinq ans a bravé l'épreuve du
temps, de l'absence et de toutes les vicis-

situdes humaines, et qui montre encore à
tous ceux qui nous connaissent la réalité de
ce privilége rare et béni.

J'eus aussi l'occasion de connaître M. et
Mme Necker. Mais les personnes avec lesquelles je vivais le plus familièrement étaient
presque exclusivement anglaises. De ce
nombre étaient lord et lady Sussex. Je
mis une grande ardeur à apprendre l'anglais
dont j'avais déjà quelques notions. Aussi,
avec l'aide du français et de l'allemand et
les leçons de mes deux excellentes amies
mistress Hamilton et mistress Morgan qui
chaque matin venaient lire avec moi quelque livre anglais · et redresser ma prononciation, je ne tardai pas à faire des progrès
considérables.

Comme la famille Tisdale devait retourner
chez elle en automne, je me déterminai à
faire en sa compagnie un voyage en Angleterre, bien que je ne dusse y rester que
quelques semaines, m'étant engagée déjà à
passer l'hiver suivant auprès de mistress
Hamilton, à Aix, en Provence, où elle se
proposait de conduire son père malade. En
conséquence, je suivis mes amis à Calais,
d'où nous fîmes dans le même paquebot la

traversée de Douvres. C'était la première fois que je me trouvais sur l'Océan, et jamais personne ne souffrit plus que moi du mal de mer, en dépit de tous les soins et de toutes les attentions de mon aimable amie mistress Morgan.

À notre arrivée à Londres, je trouvai pour nous recevoir une maison toute prête, que que le ministre de Russie le comte Pouschkin, avait louée dans le voisinage de la sienne. J'eus la bonne fortune de recevoir le meilleur accueil de Mme Pouschkin (la première femme du ministre). C'était une personne des plus gracieuses et qui semblait posséder toutes les qualités qui constituent une amie véritable. Ce fut sous ce jour que j'eus le bonheur de la voir.

Je demeurai à Londres où je jouis de la société de mon amie mistress Morgan et de la comtesse Pouschkin, jusqu'au moment où la première retourna avec son père à Dublin. Alors je confiai mes enfants aux soins de Mme Pouschkin qui, à tous égards, était digne d'un tel dépôt, et j'allai faire une excursion à Bath, à Bristol et à Oxford.

C'était la première fois que je me séparais de mon fils. Mais pendant cette courte

absence qui ne dura que treize jours, chaque
poste m'apportait une lettre de mon fils
dans laquelle il me décrivait, avec son style
enfantin, les courses de chevaux et les
spectacles que la comtesse Pouschkin lui
avait fait voir, ainsi qu'une visite qu'il avait
faite avec sa bonne et charmante amie à
la duchesse de Queensbury. Et vraiment
ses récits étaient étonnants pour un petit
garçon âgé de sept ans seulement.

Après mon retour à Londres, je n'y restai
qu'une dizaine de jours, et je les consacrai
entièrement à voir tout ce qui dans cette
intéressante capitale peut piquer la curiosité
des étrangers. Je n'allai pas à la Cour et
ne fis qu'un petit nombre de connaissances,
parmi lesquelles je nommerai le duc et la
duchesse de Northumberland.

CHAPITRE XI.

Malheureusement pour une personne aussi
novice que moi dans la navigation, notre
traversée de retour à Calais fut extrêmement mauvaise. Le vent qui nous combat-
tait nous eût été très utile pour aller aux
Indes; mais il nous fut si opposé et il avait
une telle violence, qu'il nous obligea à nous
tenir renfermés durant vingt-six heures dans
la cabine.

Les vagues se ruaient contre le châssis,
menaçant de nous engloutir tous. Mes enfants, fort effrayés, pleuraient à chaudes
larmes. Je pris sur moi assez de force pour
leur faire sentir, dans un événement tel que
celui-là, les avantages du courage sur la
pusillanimité, en désignant à leur attention
la conduite des matelots qui, loin de s'alarmer du péril, employaient tous leur efforts

pour le surmonter; et alors, après avoir
ajouté un mot ou deux sur la soumission
que nous devons en touté circonstance à
la volonté divine, j'ordonnai péremptoire-
ment le silence. J'obtins beaucoup plus vite
obéissance que je ne m'y fusse attendue;
car en dépit du mugissement de la tempête,
j'eus la satisfaction de voir mes deux enfants tomber dans un profond sommeil, tandis que le danger où nous étions me faisait
trembler intérieurement.

Enfin nous atteignîmes Calais sains et
saufs. Là, m'étant séparée de mon cousin
et compagnon M. Worontzow, qui s'en allait directement à Aix, en Provence, nous
partîmes pour Bruxelles où nous ne nous
arrêtâmes que quelques jours, et d'où, sans
aucun temps d'arrêt, nous nous acheminâmes
sur Paris.·

Pendant mon séjour à Paris, trois semaines
au plus, je vécus très retirée. Je n'étais
occupée qu'à visiter les églises, les couvents,
les statues, les peintures et tous les monu-
ments d'art que présente cette ville. Je refusai de faire connaissance avec qui que ce
fût, si ce n'est avec le célèbre Diderot. Quand
j'allais au théâtre, voulant voir sans être

vue je ne m'y rendais jamais que vêtue d'une
vieille robe noire d'étoffe commune et coiffée
d'un bonnet fermé, et je ne prenais place
que parmi le peuple, au parterre.

Un soir, la veille même de mon départ
de Pairs, Diderot était avec moi assis en
tête à tête, quand on annonça Mme Necker
et Mme Geoffrin. Aussitôt Diderot avec sa
vivacité habituelle et sans me laisser le
temps de parler, défendit qu'on les laissât
entrer.

„Mais, dis-je, j'ai connu à Spa Mme Necker;
et l'autre dame étant en correspondance suivie avec l'Impératrice de Russie, je serais
enchantée de la connaître.“

„Ne m'avez-vous pas assuré, dit-il, que
vous n'avez plus que deux ou trois jours
à rester à Paris? Par conséquent, elle ne
pourrait vous voir que deux ou trois fois
au plus, et elle serait hors d'état de juger
votre caractère. Non, je ne saurais souffrir
qu'on blasphème aucune de mes idoles.
Croyez-moi, si vous étiez pour rester ici une
couple de mois, je serais tout le premier
à vous faire connaître Mme Geoffrin, car
c'est une excellente femme; mais comme
c'est une de nos trompettes parisiennes, je

m'oppose à ce qu'elle fasse sonner votre caractère avant de l'avoir connu parfaitement."

J'entrai dans ses vues et ordonnai au domestique de dire que j'étais souffrante. Cela ne suffit pas cependant; car le lendemain matin je reçus de Mme Necker un billet plein de compliments. › Elle y exprimait le vif désir qu'avait son amie de me voir, de faire connaissance avec une personne de qui elle s'était fait une si haute idée. Je répondis que précisément parce que je voulais maintenir l'opinion favorable qu'elles avaient de moi, il me fallait décliner l'offre agréable qu'elles me faisaient; car la situation dans laquelle je me trouvais risquait trop d'imprimer un échec à leur aimable partialité.

Cette circonstance m'obligea à garder la chambre ce jour-là, et j'envoyai à Diderot ma voiture. D'ordinaire, j'allais moi-même le chercher après mes courses qui duraient de huit heures du matin à trois heures de l'après-midi; je le ramenais dîner chez moi, et souvent la conversation se prolongeait entre nous longtemps après minuit.

Une fois, je m'en souviens, nous parlions de ce qu'il appelait l'esclavage des paysans .

russes. „Vous voudrez bien reconnaître, lui
dis-je, que si je n'ai pas l'âme d'un esclave,
je n'ai pas non plus celle d'un tyran: je
puis donc sur ce point avoir quelque titre
à votre confiance. Quant à la question de
liberté, déjà j'ai pensé avec vous que ce
bienfait pourrait être appliqué à nos paysans; en conséquence, j'ai songé à répandre
le bonheur parmi mes paysans, dans la mesure de mes moyens, en les rendant plus
libres. Mais l'expérience m'a bientôt dé-
montré que l'unique effet de semblables mesures était de mettre les paysans à la merci
de la Couronne, ou plutôt à celle de tout
petit commis qui entreprendrait d'exercer sous
le masque officiel l'abus du pillage ou de
la malversation. La richesse et le bonheur
de nos paysans sont les seuls éléments de
notre prospérité et de l'augmentation de nos
revenus; et de même que c'est là un axi-
ome reconnu, de même, ajoutai-je, on peut
taxer de folie celui qui agit de manière
à appauvrir la source de notre fortune
spéciale. Les nobles sont l'autorité intermédiaire entre la Couronne et l'esclave;
il est, par conséquent, de notre avantage
de défendre ce dernier contre la rapacité

des gouverneurs de province et des in-. specteurs.“

„Mais, princesse, répliqua-t-il, vous ne pouvez nier que cette liberté ne tende à accroître les lumières des paysans, et que de cette source ne découle naturellement une abondance de richesse.“

„Si les souverains, dis-je, en rompant quelques anneaux de la chaîne qui lie les paysans aux nobles, s'avisaient également de briser quelques-uns de ceux qui attachent les nobles à leur volonté despotique, je signerais joyeusement de mon sang un contrat tel que celui-là. Mais dans le cas présent, vous me pardonnerez si je vous dis que vous paraissez avoir confondu l'effet avec la cause; car c'est l'instruction qui produit la liberté, et non la liberté l'instruction. La première, si elle n'est pas accompagnée de la seconde, ne peut manquer d'engendrer l'anarchie et la confusion. Quand les basses classes de mes concitoyens seront éclairées, elles mériteront alors la liberté, parce qu'elles sauront en jouir sans l'employer au détriment de leurs compatriotes et par suite à la destruction de cette subordination indispensable à l'existence de tout Etat civilisé.“

„Vous raisonnez parfaitement bien, charmante princesse, dit-il; néanmoins, je ne
suis pas encore convaincu.“

„Il y a, lui dis-je, dans nos lois fonda-
mentales de sûrs antidotes contre la tyrannie des nobles, bien que Pierre Ier en ait
détruit quelques-uns et surtout le principal,
en vertu duquel les paysans avaient le droit
d'exposer devant l'autorité leurs griefs contre leurs maîtres. Cependant, sous le règne
actuel, un gouverneur de province, après un
appel au maréchal et aux députés des nobles
appartenant à son gouvernement, peut punir
un acte de tyrannie commis par un noble
sur ses paysans; il peut déposséder le coupable de l'exercice du pouvoir et mettre ses
terres et ses paysans sous la tutelle d'un
autre qui est choisi par les nobles eux-
mêmes. Sur ce sujet, je ne puis m'expliquer comme je le voudrais, bien qu'il ait
été souvent l'objet de mes méditations.
Dans ces moments, mon imagination se représentait un aveugle-né placé sur un rocher
au milieu des plus effrayants précipices.
Son infirmité naturelle lui fait seule ignorer
les dangers de sa position; il est gai, il
mange, il boit, il dort, il écoute le gazouille-

ment des oiseaux, et ses chants sont d'accord avec l'épanouissement de son coeur innocent et satisfait. Tout-à-coup apparaît un oculiste qui, sans avoir réfléchi à l'impossibilité de le tirer de sa position, lui ouvre la paupière et lui rend la vue. Qu'arrive-t-il alors? Un flot lumineux vient frapper son intelligence pour lui révéler seulement son malheur; désormais il ne chante plus, il ne dort plus, il ne mange plus, mais il est absorbé dans la contemplation des précipices et des torrents qui l'entourent et qu'il lui est impossible de fuir. Il suffit de peu de temps pour dissiper son insouciance: je jette un dernier regard sur lui, et je le vois tomber victime du désespoir, à la fleur de son âge."

Diderot s'élança de son siége comme par un mouvement mécanique, tant il avait été frappé à l'improviste par cette petite esquisse de mes sentiments. Il se mit à faire de rapides enjambées à travers la chambre; puis soudain s'arrêtant brusquement et crachant avec une sorte de rage sur le parquet sans se donner le temps de reprendre haleine: „Quel femme vous êtes! s'écria-t-il. En un moment vous avez renversé toutes les idées que je caressais depuis vingt ans:" Ce trait caractérise parfaitement un homme que j'admirais même dans les débordements de sa nature enthousiaste.

La sincérité, la franchise de son caractère, l'éclat de son génie, et aussi l'intérêt et l'estime qu'il ne cessa de me témoigner dans toutes les occasions, m'attachèrent à lui aussi longtemps qu'il vécut et me rendent encore chère sa mémoire. Le monde n'a pas assez connu cet homme extraordinaire. La vertu et la simplicité régnaient dans toutes ses actions; sa passion dominante, son étude était de contribuer au bonheur de ses semblables. Si un excès d'ardeur le jeta parfois dans quelque erreur, du moins il était sincère, car il fut toujours sa plus grande dupe. Mais ce n'est pas à moi qu'il appartient de faire un éloge digne de ses nombreuses qualités quand d'autres, plus autorisés que moi, n'ont pas négligé de le prononcer.

Un soir où Diderot était assis auprès de moi, on annonça M. de Rhullière. Il avait été attaché à l'embassade du baron Breteuil, à St. Pétersbourg. Je l'avais vu souvent chez moi ainsi que chez Melle Kamensky.

En entendant son nom je me sentais disposée à désirer qu'on le fît monter quand Diderot, me prenant la main, dit avec une extrême vivacité : „Un moment, princesse ; laissez-moi vous demander si, une fois vos voyages finis, vous aurez l'idée de retourner en Russie ?"

„Quelle question! dis-je. Ai-je donc le droit d'expatrier mes enfants ?"

„Eh bien! alors veuillez défendre que Rhullière soit introduit, et je vous expliquerai ensuite mes raisons."

Il y avait quelque chose de si pressant et de si sincère dans sa physionomie et dans son attitude, que je lui obéis implicitement, et que sans la moindre résistance je refusai la visite d'une très agréable connaissance, tant j'avais foi dans la bonté des raisons inconnues que Diderot devait me donner.

„Vous ne savez pas, reprit-il, que cet homme a écrit un mémoire sur la révolution russe."

„Non, répondis-je; mais s'il en est ainsi, vous me fournissez un motif de plus pour désirer de le voir.

„Je vous dirai alors tout ce qu'on peut connaître quand on en lit le contenu. Vous

15*

vous y trouveriez ornée de tous les talents
de votre sexe, joints aux charmes et aux
vertus que vous possédez. L'Impératrice
cependant y est traitée d'une manière très
différente ainsi que le roi de Pologne avec
qui sa liaison, à l'époque où elle n'était
encore que Grande-Duchesse, est complète-
ment exposée; aussi Sa Majesté a-t-elle
entamé des négociations, par l'intermédiaire
de Betskoy et de votre chargé d'affaires le
prince Galitzin, pour acheter l'ouvrage; mais
ces négociations ont été si mal conduites,
que trois copies ont pu être prises et dé-
posées par de Rhullière, l'une au cabinet
des affaires étrangères, la deuxième entre
les mains de Mme de Grammont, et la troisième chez l'archevêque de Paris. Après
cette faute, j'eus l'honneur de recevoir de
Sa Majesté la commission de traiter avec
de Rhullière lui-même; mais tout ce que je
pus obtenir de lui, ce fut la promesse qu'il
ne publierait point l'ouvrage de son vivant
ou pendant la vie de l'Impératrice. Vous
comprenez donc qu'en recevant la visite de
de Rhullière, vous eussiez donné une sanction à son livre qui à causé beaucoup de
peine à Sa Majesté et qui, ayant été lu

chez Mme Geoffrin, dont le salon est le rendez-
vous de toutes les personnes de marque
qu'il y a à Paris et de tous les étrangers
de distinction, n'est aujourd'hui que trop
connu. Ce qui n'empêche pas cette bonne
dame d'avoir beaucoup d'amitié pour Poniatowsky que, pendant son séjour à Paris,
elle a comblé des plus extravagantes pro-
testations de tendresse et que, depuis, dans
toutes ses lettres, elle n'a cessé de traiter
comme un fils chéri."

„Mais comment peut-on accorder ces deux
sortes de conduite?" demandai-je.

„Oh! quant à ça, dit-il, nous ne nous
donnons pas grand mal en France; nous
pensons et agissons sans nous inquiéter des
convenances; et soixante ans, quatre-vingts
ans même d'expérience n'établissent pas le
plus léger degré de différence dans la fri-
volité de notre nature irréfléchie."

Depuis cette conversation, de Rhullière
demanda deux fois à me voir, mais il ne
fut pas admis. Je fus sensiblement touchée
de cette preuve de l'amitié de Diderot; j'en
éprouvai l'excellent effet quand je revins à
Pétersbourg, quinze mois après; car j'appris
par une personne très avancée dans la con-

fidence du comte Théodore Orloff et à qui j'avais eu le bonheur de rendre un service quelques années auparavant, que Diderot, aussitôt après mon départ de Paris, avait écrit à l'Impératrice et que, lui ayant parlé dans les termes les plus chaleureux de mon sincère attachement envers Sa Majesté, il déclarait qu'à la suite de mon refus absolu de voir M. de Rhullière, l'authenticité de son livre avait été bien autrement mise en question que par toutes les paroles ou tous les écrits de dix Voltaire ou de dix pauvres Diderot. Il ne m'avait pas même laissé soupçonner son intention d'informer l'Impératrice de cette circonstance que sa prévoyance seule avait produite et que son amitié rendait ainsi méritoire, comme si elle émanait de moi. Tant que je vivrai, je ne cesserai de me rappeler cette délicatesse de conduite avec autant d'admiration que de reconnaissance.

Avant de quitter Paris je désirais voir Versailles, mais je voulais que personne ne connût mon intention. J'étais déterminée à satisfaire cette fantaisie, malgré les arguments de M. Hotinsky, notre chargé d'affaires, qui nous opposait mille difficultés à craindre de la part de la police; car, m'assurait-il, pas un étranger, si humble qu'il fût, ne pouvait faire un pas dans Paris sans que ses mouvements fussent surveillés.

Je lui fis promettre cependant que ses chevaux m'attendraient hors de la ville; et après avoir donné au Français qui me servait en qualité de laquais de place assez de commissions pour l'occuper durant quelques heures, je pris avec moi un domestique russe qui ne parlait que sa langue maternelle et étant montée en voiture avec mes deux enfants et un vieux major russe qui résidait à Paris pour sa santé, j'ordonnai au cocher de me conduire hors de la ville afin que je pusse respirer un peu d'air, et je le fis toucher à l'endroit où M. Hotinsky nous attendait avec ses chevaux qui furent aussitôt ajoutés aux miens. Nous partîmes en cet équipage. M. Hotinsky nous accompagna jusqu'au parc de Versailles où nous descendîmes et nous promenâmes jusqu'à l'heure du dîner.

C'était justement un des jours où le roi et la famille royale dînaient en public. Nous nous mêlâmes à la foule qui était certaine-

ment tout autre chose que le „beau monde“
et nous entrâmes avec elle dans une pièce
très sale et très délabrée où parurent, à la
suite de Louis XV, le dauphin et la dau-
phine et les deux autres filles Mesdames
Adélaïde et Victoire. Ils s'assirent à table
et se mirent à dîner de bon coeur.

Toutes les observations que j'adressais à
mes compagnons étaient commentées par
les braves dames au milieu desquelles je
me trouvais. Ainsi, par exemple, comme
je remarquais que Madame Adélaïde prenait
son potage dans un bol, je fus assaillie par
deux ou trois voix qui me dirent à la fois:
„Madame, est-ce que dans votre pays le roi
et les princesses n'en font pas autant?“

„Dans mon pays, répondis-je, il n'y a ni
roi ni princesses.“

„Alors, répliqua l'une d'elles, madame
doit être Hollandaise.“

„Peut-être bien,“ dis-je en m'avançant
pour échapper à de plus minutieuses questions.

Quand le repas royal fut terminé, nous
regagnâmes en toute hâte notre carrosse,
et nous arrivâmes à Paris sans que personne sût que nous l'avions quitté un seul

moment, enchantés d'avoir mis' en défaut
la vigilance si vantée de la police française.

Le duc de Choiseul, alors ministre d'Etat,
voulut à peine accueillir l'histoire lorsqu'on
la lui rapporta. Tous les Russes connaissaient sa haine particulière pour l'Impératrice
et son gouvernement; et bien qu'il m'acca-
blât de témoignages de politesse par l'entre-
mise de notre chargé d'affaires et qu'il m'eût
offert de donner une fête brillante tout exprès pour moi, je ne crus pas devoir répondre autrement que par des remerciements
et des excuses; j'y joignis l'assurance que
Mme Michalkoff n'était pas insensible à la
bienveillance de personnages aussi éminents
que Son Excellence, mais que son temps
était exclusivement consacré à d'autres objets et ne lui permettait pas plus de recevoir des fêtes que d'y assister.

Fin du premier Volume.

Imprimerie de Gustav Bär à Leipsic.